DANILO CARLOS S. CECCON

MARKETING DIGITAL

PARA MÉDICOS

QUE SÓ ENTENDEM DE MEDICINA

DC — digital BRASIL

Marketing Digital: Para Médicos que Só entendem de Medicina :)

MARKETING DIGITAL PARA MÉDICOS QUE SÓ ENTENDEM DE MEDICINA

DANILO C. S. CECCON

AUTORIDADE
digital
BRASIL

Independently published

ISBN 978-65-00-65194-2

DC

Para a atual e próxima geração de médicos, é fundamental estar atualizado com as tecnologias digitais que estão cada vez mais presentes em nossa sociedade. Aprender sobre marketing digital e suas estratégias é uma maneira de se posicionar melhor no mercado de trabalho e ser capaz de ampliar os benefícios que a medicina pode oferecer para o bem-estar das pessoas e do planeta. Além disso, o uso de ferramentas de inteligência artificial pode auxiliar os médicos a tomarem decisões mais precisas e efetivas no tratamento de seus pacientes. Portanto, é importante estar sempre buscando conhecimento e se adaptando às mudanças tecnológicas para oferecer um atendimento de qualidade e em sintonia com as necessidades do mundo atual.

Danilo C. S. Ceccon

ÍNDICE

AGRADECIMENTOS

Queridos leitores,

Este é o momento em que eu gostaria de agradecer a todos que tornaram possível a realização deste sonho de escrever um livro sobre marketing médico. Em primeiro lugar, quero agradecer à minha esposa Juliana Andrade, que esteve ao meu lado em todos os momentos, me incentivando e me ajudando a chegar até aqui. Sem ela, este projeto não teria sido possível.

Aos meus quatro filhos, Rhauan Carlos, Rhyan Carlos, Ana Beatriz e Maria Eduarda, agradeço por me inspirarem a ser uma pessoa melhor e por me darem a motivação para continuar trabalhando duro todos os dias.

Também quero agradecer aos meus pais, que me criaram com valores íntegros e me deram a oportunidade de estudar e seguir esta carreira de publicitário em marketing digital. A meu pai José Carlos S. Ceccon, que me deu meu primeiro computador e pagou meus estudos no colégio técnico, sou eternamente grato.

Agradeço também à minha irmã Darlis e a todos os meus amigos, que sempre estiveram presentes para me apoiar e me dar forças para seguir em frente. Não posso esquecer de mencionar a todos do corporativo e da minha network, que sempre me apoiaram e me deram suporte.

Por fim, gostaria de agradecer de forma especial ao Paulo Pontes, da Philips, que trilhou comigo no ramo da medicina diagnóstica e tornou possível a realização deste projeto.

A todos vocês, que fizeram parte dessa jornada, minha eterna gratidão.

Introdução:

Bem-vindo ao livro "Marketing Digital para Consultórios: Para Médicos que Só Entendem de Medicina :)". Neste livro, você aprenderá como aproveitar ao máximo as ferramentas de marketing digital para promover seu consultório médico e atrair novos pacientes. Como médico, você sabe tudo sobre cuidar dos pacientes, mas pode não ter tempo ou conhecimento para lidar com questões de marketing. E é aí que entramos!

Neste livro, abordaremos todos os aspectos do marketing digital para consultórios médicos, desde definir seus objetivos até acompanhar seu desempenho. Você aprenderá sobre as mídias sociais mais eficazes, como criar uma estratégia de conteúdo eficaz, fazer campanhas de e-mail bem-sucedidas e utilizar o SEO para melhorar a classificação de seu site nos mecanismos de pesquisa. Também cobriremos como criar uma landing page efetiva, integrar sua estratégia de marketing digital com sua estratégia de atendimento ao paciente e lidar com questões éticas do marketing digital para consultórios médicos.

Este livro é escrito em um tom amigável e acessível, com o objetivo de ajudá-lo a entender como o marketing digital pode ajudar a impulsionar o sucesso de seu consultório médico. Nós entendemos que você é um profissional de saúde ocupado e talvez não tenha muito tempo livre para se concentrar em

questões de marketing. Por isso, tentamos simplificar as coisas e fornecer dicas e truques práticos para que você possa colocar em prática imediatamente.

Não importa se você é novo no marketing digital ou já tem alguma experiência, esperamos que este livro seja uma fonte valiosa de informações e ideias para você. Estamos animados em ajudá-lo a alcançar seus objetivos de marketing digital e ver seu consultório médico crescer e prosperar.

Agora, vamos mergulhar no mundo do marketing digital para consultórios médicos!

Capítulo 1: Introdução ao marketing digital para consultórios médicos

Neste capítulo, vamos introduzir você ao mundo do marketing digital para consultórios médicos. Vamos falar sobre por que o marketing digital é tão importante para consultórios médicos e como ele pode ajudá-lo a alcançar seus objetivos e aumentar sua base de pacientes. Também vamos falar sobre os diferentes elementos do marketing digital e como eles podem ser usados para promover seu consultório médico. Ao final deste capítulo, você deve ter uma boa compreensão do que é marketing digital e por que é tão importante para consultórios médicos.

Você sabe que é importante manter-se atualizado sobre as tendências em medicina e fornecer o melhor atendimento possível aos seus pacientes, mas você também precisa pensar em como atrair novos pacientes e construir uma base de pacientes fiéis. É aqui que entra o marketing digital.

O marketing digital é uma estratégia de marketing que utiliza tecnologias digitais para promover produtos ou serviços. Isso inclui técnicas como SEO, mídias sociais, anúncios pagos, email marketing, entre outros. A principal vantagem do marketing digital é que permite que você alcance um público muito amplo e segmentado, a um custo muito menor do que outras formas de marketing tradicionais.

Ao utilizar o marketing digital para promover seu consultório médico, você pode atrair novos pacientes, aumentar sua visibilidade na internet e construir sua marca. Além disso, você pode usar as mídias sociais para interagir com seus pacientes atuais e potenciais, responder a perguntas e compartilhar informações úteis sobre saúde.

Neste livro, vamos explorar em detalhes diferentes técnicas de marketing digital que você pode usar para promover seu consultório médico. Nós vamos fornecer dicas e exemplos práticos para ajudá-lo a implementar essas técnicas de forma eficaz. Então, se você está pronto para descobrir como o marketing digital pode ajudar a impulsionar o sucesso de seu consultório médico, vamos começar!

A história de Dr. Pablo e como o marketing digital transformou seu consultório de bairro.

Dr. Pablo sempre teve uma paixão pelo atendimento aos pacientes e pelo avanço da medicina. Ele trabalhava em um pequeno consultório no bairro e, apesar de ser um médico talentoso e dedicado, ele tinha dificuldade em atrair novos pacientes e aumentar sua base de pacientes fiéis.

Um dia, um amigo médico mencionou sobre o poder do marketing digital para ajudar a promover seu consultório médico. Dr. Pablo ficou interessado e decidiu dar uma chance. Ele começou a se envolver com as mídias sociais, criou um site para seu consultório e começou a fazer anúncios pagos online.

Para sua surpresa, Dr. Pablo começou a ver resultados positivos em pouco tempo. Novos pacientes começaram a encontrá-lo online e sua base de pacientes fiéis começou a crescer. Ele também foi capaz de construir relacionamentos mais próximos com seus pacientes atuais, respondendo a perguntas e compartilhando informações úteis sobre saúde.

Graças ao marketing digital, Dr. Pablo agora tem uma base de pacientes forte e crescente e é conhecido como um dos melhores médicos da região. Ele está sempre surpreso com o poder da tecnologia para ajudá-lo a alcançar seus objetivos e continuar a oferecer o melhor atendimento possível aos seus pacientes.

Esta é apenas uma pequena história de como o marketing digital pode ajudar médicos em seus bairros. É importante lembrar que, assim como Dr. Pablo, é preciso tempo e dedicação para ver resultados positivos, mas com as técnicas certas e a abordagem correta, é possível transformar seu consultório médico em um sucesso online. Neste livro, você aprenderá sobre as diferentes estratégias de marketing digital que você pode implementar em seu consultório médico para atrair novos pacientes, construir relacionamentos mais próximos com seus pacientes atuais e aumentar sua presença online.

Então, se você está pronto para começar a explorar o poder do marketing digital para o seu consultório médico, continue lendo este livro. Juntos, vamos transformar sua prática médica em um sucesso online!

Capítulo 2: O papel do marketing digital para um consultório médico

Como médico, você provavelmente passou anos estudando, se especializando e construindo sua carreira. No entanto, com a evolução da tecnologia e as mudanças no comportamento dos pacientes, os dias de se basear apenas na reputação boca-a-boca para atrair novos pacientes estão ficando para trás. Hoje em dia, é necessário considerar o papel do marketing digital na promoção de seu consultório médico.

O marketing digital é uma forma eficaz de alcançar pacientes em potencial na internet. Isso inclui táticas como otimização de mecanismos de pesquisa (SEO), publicidade online, marketing de conteúdo e muito mais. Ao investir em marketing digital, você pode expandir sua presença online, aumentar a visibilidade do seu consultório médico e conectar-se com pacientes em potencial que podem não ter ouvido falar de você antes.

Mas por que o marketing digital é tão importante para consultórios médicos? Em primeiro lugar, as pessoas estão cada vez mais usando a internet para encontrar informações sobre saúde e para encontrar médicos. De acordo com uma pesquisa, mais de 80% das pessoas pesquisam online antes de marcar uma consulta com um médico. Isso significa que se você não estiver visível online, está perdendo muitas oportunidades de conectar-se com pacientes em potencial.

Além disso, o marketing digital permite que você construa relacionamentos com seus pacientes em potencial antes mesmo de eles entrarem em seu consultório. Você pode compartilhar informações valiosas sobre saúde e bem-estar, responder a perguntas e estabelecer sua autoridade como médico. Isso pode ajudar a criar confiança e aumentar as chances de um paciente escolher seu consultório quando estiver pronto para marcar uma consulta.

Por fim, o marketing digital também oferece a você a capacidade de medir e ajustar suas estratégias com mais precisão. Por exemplo, você pode usar ferramentas de análise para monitorar o desempenho de sua presença online e ver quais táticas estão funcionando melhor. Isso significa que você pode continuar aperfeiçoando suas estratégias de marketing digital para obter resultados cada vez melhores.

Em resumo, o marketing digital é uma parte fundamental do sucesso de um consultório médico. Ele permite que você alcance seu público-alvo de maneira mais eficaz, construa relacionamentos duradouros com seus pacientes, melhore sua reputação online e obtenha resultados mensuráveis. Ao incorporar estratégias de marketing digital em sua rotina de negócios, você pode garantir que seu consultório médico alcance seu potencial máximo e ajude cada vez mais pacientes a alcançarem sua saúde e bem-estar.

Dr. Manoel que não usava marketing para atrair pacientes novos

O Dr. Manoel era um médico talentoso e dedicado que tinha um consultório médico bem estabelecido na cidade. No entanto, ele enfrentava uma série de desafios quando se tratava de atrair novos pacientes e expandir seu negócio.

Por muitos anos, o Dr. Manoel dependeu principalmente de métodos tradicionais de marketing, como impressos e comerciais de TV e rádio. Embora essas abordagens tenham ajudado a divulgar seu nome e sua prática, elas também eram caras e difíceis de medir quanto a efetividade. Além disso, o Dr.

Manoel se sentia frustrado por não ter um público-alvo claramente definido e não saber ao certo se suas mensagens estavam chegando às pessoas certas.

Foi então que o Dr. Manoel decidiu experimentar o marketing digital. Ele começou a criar conteúdo relevante para seu público-alvo, como blogs e vídeos, e a compartilhá-los nas redes sociais. Ele também começou a usar anúncios pagos em plataformas como o Google e o Facebook para alcançar um público-alvo mais específico.

O resultado foi surpreendente. O Dr. Manoel não só conseguiu atrair novos pacientes, como também pôde medir e ajustar suas estratégias de marketing digital com muito mais precisão. Ele descobriu que suas campanhas nas redes sociais eram especialmente efetivas, e que seu conteúdo estava ajudando a construir relacionamentos duradouros com seus pacientes.

Além disso, o marketing digital foi muito mais acessível e acessível do que as abordagens tradicionais que o Dr. Manoel havia experimentado. Ele pôde obter resultados melhores com uma fração do investimento que havia feito em impressos e comerciais de TV e rádio.

Em resumo, a história do Dr. Manoel mostra como o marketing digital pode ser uma ferramenta poderosa para médicos que buscam atrair novos pacientes e expandir seus negócios. Além de ser mais acessível e acessível, o marketing digital também permite medir e ajustar suas estratégias com mais precisão, alcançar um público-alvo mais específico e construir relacionamentos duradouros com seus pacientes.

Você já deve ter percebido que o mundo está mudando rapidamente e que o marketing digital é uma das principais tendências desta transformação. O marketing tradicional, como panfletos impressos e comerciais de TV e rádio, está ficando cada vez mais caro e menos eficaz. Já o marketing digital oferece a você a possibilidade de alcançar seu público-alvo de maneira mais precisa e a um custo muito mais baixo.

Nesse livro, você aprenderá como usar as ferramentas do marketing digital para atrair novos pacientes e construir relacionamentos mais fortes com seus pacientes atuais. Você também aprenderá como mensurar os resultados de suas campanhas de marketing digital e ajustá-las para obter melhores resultados.

Não perca mais tempo, vamos começar a nossa jornada juntos! Ainda temos muito o que aprender e muitos pacientes a serem atraidos para o seu consultório. Então, vamos lá!

Anotações:

Capítulo 3: Como Definir Seus Objetivos de Marketing Digital

Antes de começar a trabalhar em suas estratégias de marketing digital, é importante que você saiba exatamente o que quer alcançar. Sem objetivos claros, fica difícil mensurar o sucesso de suas campanhas e identificar onde é necessário fazer ajustes.

Por isso, neste capítulo, vamos aprender como definir seus objetivos de marketing digital. É importante que você saiba qual é o resultado final que deseja alcançar com suas campanhas de marketing. Isso pode incluir coisas como aumentar o número de pacientes novos, melhorar a satisfação dos pacientes atuais, aumentar as vendas de serviços adicionais, entre outros.

Mas, como definir seus objetivos de marketing digital? Aqui estão algumas dicas para ajudá-lo:

Analise sua situação atual: Antes de estabelecer objetivos, é importante entender sua situação atual. Quais são seus pontos fortes e fracos? Qual é o seu público-alvo atual? O que você já está fazendo para atrair pacientes novos?

Estabeleça objetivos claros e mensuráveis: Seus objetivos devem ser claros e mensuráveis. Por exemplo, em vez de estabelecer o objetivo de "aumentar o número de pacientes", estabeleça o objetivo de "aumentar em 20% o número de pacientes novos em 12 meses".

Tenha objetivos realistas: É importante que seus objetivos sejam realistas. Não adianta estabelecer objetivos muito ambiciosos que você não conseguirá alcançar.

Alinhe seus objetivos ao seu planejamento estratégico: Seus objetivos de marketing devem estar alinhados ao seu planejamento estratégico geral. Eles devem estar de acordo com sua missão, visão e valores.

Uma vez que você tenha estabelecido seus objetivos, será muito mais fácil planejar e implementar suas estratégias de marketing digital. E, ao longo do tempo, você poderá mensurar o sucesso de suas campanhas e ajustá-las para obter resultados ainda melhores.

Também é importante que você estabeleça um prazo para cada objetivo. Isso lhe dará uma data limite para alcançar cada meta e ajudará você a manter o foco. Além disso, você pode medir seus resultados ao longo do tempo e ajustar suas estratégias de marketing de acordo com seu desempenho.

Em resumo, definir seus objetivos de marketing digital é o primeiro passo para o sucesso de suas campanhas de marketing. Assim que você souber exatamente o que quer alcançar, poderá planejar as ações que precisa tomar para chegar lá. Então, vamos começar a definir nossos objetivos agora!

Aqui está um exemplo de tabela de planejamento para ajudar a definir seus objetivos de marketing digital:

Mês 1	Mês 2	Mês 3
Aumentar o número de seguidores no Instagram em 20%	Gerar 10 leads qualificados por mês através do site	Aumentar a taxa de cliques em anúncios do Google AdWords em 30%
Criar uma campanha de e-mail marketing com taxa de abertura de pelo menos 25%	Receber pelo menos 5 avaliações positivas por mês no Google Meu Negócio	Aumentar o tráfego orgânico do site em 10%
Realizar pelo menos 2 lives no Instagram por mês	Alcançar um engajamento de pelo menos 5% nas publicações do Facebook	Lançar uma nova página de destino otimizada para conversões
Receber pelo menos 1 indicação por mês de um paciente satisfeito	Participar de pelo menos 1 evento online por mês relacionado a saúde	Aumentar a taxa de conversão do site em 5%

Além do conteúdo deste livro, os leitores também poderão acessar material bônus no site danilocarlos.com.br/bonus-do-livro. Lá, eles encontrarão uma tabela de planejamento com 12 meses, incluindo 4 exemplos de objetivos e metas de marketing digital. Este é um modelo útil para ajudá-los a planejar e medir o sucesso de suas estratégias de marketing digital. Não perca esta oportunidade de aprimorar seus conhecimentos e obter resultados ainda melhores para seu consultório médico!

O HTML5 é uma linguagem de marcação que permite a criação de páginas da web. Ele é composto por códigos que indicam como a página deve ser exibida no navegador, incluindo o conteúdo, estrutura e recursos visuais. Um exemplo simples de HTML5 seria:

Código HTML5 para este modelo de dados:

<table>

  <tr>

    <th>Mês 1</th>

    <th>Mês 2</th>

    <th>Mês 3</th>

  </tr>

  <tr>

    <td>Aumentar o número de seguidores no Instagram em 20%</td>

    <td>Gerar 10 leads qualificados por mês através do site</td>

    <td>Aumentar a taxa de cliques em anúncios do Google AdWords em 30%</td>

  </tr>

  <tr>

    <td>Criar uma campanha de e-mail marketing com taxa de abertura de pelo menos 25%</td>

    <td>Receber pelo menos 5 avaliações positivas por mês no Google Meu Negócio</td>

    <td>Aumentar o tráfego orgânico do site em 10%</td>

  </tr>

  <tr>

    <td>Realizar pelo menos 2 lives no Instagram por mês</td>

<td>Alcançar um engajamento de pelo menos 5% nas publicações do Facebook</td>

<td>Lançar uma nova página de destino otimizada para conversões</td>

</tr>

<tr>

<td>Receber pelo menos 1 indicação por mês de um paciente satisfeito</td>

Você pode copiar esse código para um bloco de notas e salvar com a extensão ".html". Depois disso, você pode abrir o arquivo em um navegador para ver o resultado. Porém, lembre-se que o objetivo de mostrar isso é apenas por curiosidade. É importante que você continue focando na medicina e deixe a edição de sites para os profissionais da área.

Não se preocupe, pois mais adiante no livro, vamos focar no Wordpress, que é uma plataforma mais fácil de usar, e com o plugin Elementor, você poderá editar sites prontos com facilidade. Além disso, você terá acesso a um material bônus em vídeo-aulas que lhe ensinará tudo o que precisa saber sobre o assunto.

Acesse *danilocarlos.com.br/bonus-do-livro* *para ter acesso a esse material exclusivo.*

Estabelecer metas e prazos é importante para se ter um direcionamento e um norte no marketing digital. Ao definir objetivos claros, é possível acompanhar o desempenho e avaliar se está seguindo na direção correta, além de motivar a equipe para trabalhar em direção a um resultado específico.

No entanto, também é importante ter cuidado ao estabelecer metas e prazos. Se eles forem muito ambiciosos ou irrealistas, podem desmotivar a equipe ou gerar uma sensação de fracasso. Além disso, é preciso levar em conta que o marketing digital é uma área em constante mudança, e o que pode parecer uma meta razoável hoje pode não ser tão viável daqui a alguns meses.

Se você é um médico que está trabalhando sozinho em seu consultório, é importante ter em mente que a definição de metas e prazos pode ser ainda mais crítica para o sucesso de seu marketing digital. Sem um time dedicado a essas tarefas, você precisará ser ainda mais organizado e focado em seus objetivos. No entanto, estabelecer metas claras e um cronograma para alcançá-las pode ajudá-lo a manter-se motivado e a trabalhar de forma mais eficiente. Além disso, ter metas e prazos estabelecidos também permitirá que você meça o sucesso de suas estratégias de marketing e faça ajustes necessários com mais rapidez.

Se você está gostando do livro até aqui, parabéns! Estamos animados por compartilhar essas informações valiosas sobre marketing digital para consultórios médicos com você. Continuar lendo é a chave para maximizar os benefícios desse livro e aprender tudo o que você precisa saber sobre como promover seu consultório de maneira eficaz e eficiente. Não se desanime, você está no caminho certo para expandir sua base de pacientes e aumentar sua presença online. Acreditamos em você e estamos aqui para apoiá-lo a cada passo do caminho!

"O marketing digital é a chave para ajudar seu consultório a alcançar novos patamares de sucesso, basta ter coragem e inovar".

Danilo Carlos da Silva Ceccon

Anotações:

Capítulo 4: Como escolher as mídias sociais certas para seu consultório médico

Dr. Paulo era um médico muito talentoso e dedicado, mas ele nunca havia se preocupado em estabelecer uma presença nas mídias sociais. Ele achava que seu trabalho falaria por si só e que ele não precisaria gastar tempo e recursos em redes sociais. No entanto, com o tempo, ele começou a perceber que muitos de seus colegas estavam ganhando visibilidade e pacientes novos graças às suas presenças online.

O Dr. Paulo começou a se perguntar se ele estava perdendo oportunidades por não estar nas mídias sociais. Ele começou a pesquisar sobre o assunto e descobriu que a presença online era uma ótima maneira de alcançar potenciais pacientes e ajudar a construir sua marca.

Mas com tantas redes sociais disponíveis, como escolher as certas para o consultório médico do Dr. Paulo? É aqui que entra a importância de conhecer seu público-alvo e entender qual rede social eles mais utilizam. Por exemplo, se seu público é majoritariamente composto por idosos, é provável que eles não estejam muito presentes no TikTok, mas sim no Facebook.

Além disso, é importante considerar a natureza do seu trabalho como médico e escolher redes sociais que permitam a você compartilhar informações úteis e relevantes com seus seguidores. Por exemplo, você pode compartilhar artigos sobre saúde e bem-estar, fotos do seu consultório e até mesmo vídeos explicativos sobre determinadas condições médicas.

Lembre-se também de que o tempo é um recurso valioso, então escolha no máximo 2 ou 3 redes sociais para se concentrar. Ao invés de se esforçar em manter presenças atualizadas em várias redes, é melhor se dedicar a criar conteúdo de qualidade em poucas delas.

O Dr. Paulo aprendeu a importância de estar nas mídias sociais e, ao seguir as dicas deste capítulo, ele conseguiu encontrar as redes sociais certas para o seu consultório. A exposição certa nas redes sociais permitiu que ele alcançasse novos pacientes e construísse uma presença online forte e confiável.

Ao escolher as mídias sociais certas para seu consultório médico, é importante levar em consideração o seu público-alvo e o tipo de conteúdo que você deseja compartilhar. Aqui estão três redes sociais recomendadas para um consultório médico:

Facebook: *É a rede social mais ampla e diversificada, o Facebook é uma ótima escolha para compartilhar notícias, atualizações do consultório, dicas de saúde e respostas a perguntas frequentes. É recomendável postar ao menos uma vez por semana.*

Instagram: *É uma rede social visualmente focada, ideal para compartilhar imagens e vídeos do consultório, do médico e de procedimentos médicos. Além disso, pode ser usado para promover campanhas de conscientização sobre saúde e bem-estar. É recomendável postar duas vezes por semana.*

LinkedIn: *É uma rede social voltada para profissionais, ideal para compartilhar notícias relacionadas a medicina, publicações acadêmicas e artigos relevantes para o público-alvo. É recomendável postar uma vez por mês.*

Ao estabelecer uma presença regular nas redes sociais, o médico pode construir relacionamentos duradouros com seus pacientes e possíveis pacientes, ajudando a estabelecer sua marca e aumentando sua visibilidade na comunidade médica. Além disso, ao compartilhar conteúdo valioso e relevante, o médico pode estabelecer-se como uma autoridade em saúde e bem-estar, ajudando a gerar confiança e credibilidade com seus pacientes e possíveis pacientes.

A tabela abaixo é um exemplo de plano de postagem nas mídias sociais para o médico Paulo, por 3 meses. É importante destacar que essa é apenas uma sugestão e que as postagens devem ser ajustadas de acordo com a estratégia de marketing digital definida para o consultório.

Mês	Rede Social	Tipo de Postagem	Quantidade por Semana
Janeiro	Instagram	Fotos dos consultórios, dicas de saúde, depoimentos de pacientes	2
Fevereiro	Facebook	Vídeos explicativos sobre tratamentos, eventos do consultório, conteúdos gerados pelos pacientes	1
Março	LinkedIn	Artigos técnicos, entrevistas com especialistas, notícias relacionadas à saúde	1

A escolha dessas três redes sociais é baseada no perfil do público-alvo do médico Paulo e em suas estratégias de marketing digital. O Instagram é uma ótima rede para exibir imagens atraentes e compartilhar dicas de saúde. O Facebook é uma rede social mais ampla, onde o médico pode compartilhar vídeos e outros tipos de conteúdo, além de interagir com seus pacientes. Já o LinkedIn é uma rede social voltada para profissionais, onde o médico pode compartilhar artigos técnicos e notícias relacionadas à saúde, além de estabelecer conexões com outros profissionais da área.

O número de postagens por semana deve ser equilibrado, para que o médico não acabe sobrecarregando sua equipe e, ao mesmo tempo, para que ele consiga manter sua presença nas mídias sociais ativa. É importante lembrar que, para ter sucesso em suas estratégias de marketing digital, o médico precisa ser constante e dedicado.

Não perca mais tempo e comece a construir sua presença nas mídias sociais hoje mesmo. Com a presença certa nas redes sociais, você poderá ampliar a sua rede de contatos, alcançar novos pacientes e melhorar a sua reputação online. Além disso, as mídias sociais são uma excelente maneira de manter a comunicação com seus pacientes atuais, oferecer informações úteis e compartilhar seus serviços.

Lembre-se que é importante escolher as mídias sociais certas para o seu consultório médico. Cada plataforma tem sua própria audiência, estilo e objetivo, então escolha aquela que é mais adequada ao seu público-alvo e ao seu negócio.

Capítulo 5 : Como criar uma estratégia de conteúdo eficaz

Ao longo deste capítulo, você aprenderá sobre as principais mídias sociais e como escolher as melhores para o seu negócio. Além disso, você receberá dicas práticas sobre como usar cada plataforma de maneira eficaz e estratégica.

Não perca a oportunidade de aproveitar ao máximo as mídias sociais para ajudar a alavancar o sucesso do seu consultório médico. Continuar lendo para aprender mais sobre como escolher as mídias sociais certas para o seu negócio.

Neste capítulo, vamos aprender sobre a importância de ter uma estratégia de conteúdo eficaz no marketing digital para o consultório médico. A estratégia de conteúdo é a base para a criação de material relevante e interessante para seu público-alvo, além de ser um dos fatores mais importantes para o sucesso do seu marketing digital.

Você aprenderá sobre a importância de conhecer seu público-alvo e suas necessidades, para que possa criar conteúdo personalizado e direcionado especificamente para eles.

Também abordaremos a importância de seguir um calendário editorial, a fim de garantir uma postagem constante e planejada de conteúdo.

Além disso, exploraremos a criação de conteúdo em diferentes formatos, desde textos, vídeos, imagens e infográficos, para que você possa escolher o formato que melhor se encaixa no seu objetivo e público-alvo.

Este capítulo é fundamental para a construção de uma presença digital eficaz e para o sucesso do seu marketing digital. Portanto, dedique-se a estudá-lo com atenção e comece a colocar em prática as dicas e estratégias que aprender aqui. Boa leitura!

o capítulo 5, vamos explorar como criar uma estratégia de conteúdo eficaz para o seu consultório médico. Para alcançar resultados positivos no marketing digital, é fundamental ter uma estratégia clara e bem definida para a criação de conteúdo. É através deste conteúdo que você irá estabelecer uma relação de confiança com seus pacientes e possíveis clientes.

A criação de conteúdo deve ser feita de maneira estratégica, pensando em atender às necessidades e interesses do seu público-alvo. Para isso, uma dica importante é utilizar o canva.com que é uma ferramenta visual que ajuda a organizar e planejar suas ideias de conteúdo de maneira eficiente. O canva.com permite que você tenha uma visão clara de todo o seu processo de criação de conteúdo, desde a concepção até a publicação.

A seguir, veremos um passo a passo para a criação de conteúdo eficaz:

Identifique seu público-alvo: Antes de começar a criar o seu conteúdo, é importante que você tenha claro qual é o seu público-alvo. Quem você deseja atingir com suas publicações? Qual é o perfil dessas pessoas?

Defina o objetivo de cada publicação: Antes de começar a produzir conteúdo, é fundamental que você tenha claro qual é o objetivo de cada publicação. Será para informar, educar, entreter, etc.

Escolha o formato de cada publicação: Depois de definir o objetivo de cada publicação, é importante escolher o formato que mais se adéqua ao conteúdo que você quer compartilhar. Exemplos de formatos são vídeos, fotos, textos, entre outros.

Planeje a produção de conteúdo: Depois de definir o formato de cada publicação, é hora de planejar a produção do conteúdo. Determine o tempo que você irá gastar produzindo cada publicação e quando será a data de publicação.

Publique e avalie o resultado: Depois de produzir o conteúdo, é hora de publicá-lo e avaliar os resultados. Acompanhe a interação dos seus seguidores com as suas publicações e ajuste a sua estratégia de acordo com os resultados obtidos.

Com estas dicas, você já tem um roteiro para criar uma estratégia de conteúdo eficaz. É importante ressaltar que o processo de criação de conteúdo não acaba após a publicação, é preciso sempre avaliar e ajustar a estratégia para que o conteúdo seja cada vez mais relevante e impactante para o seu público-alvo.

O Canva é uma plataforma de design gráfico na nuvem que permite a criação de designs para diferentes fins, incluindo marketing digital. Com o Canva, é possível criar designs para redes sociais, cartões de visita, logotipos, entre outros. A plataforma oferece ferramentas intuitivas e fáceis de usar, tornando a criação de designs acessível a qualquer pessoa, independentemente de sua habilidade em design. Além disso, o Canva oferece uma ampla biblioteca de modelos, imagens, ícones e fontes, permitindo que você personalize seus designs com facilidade. O Canva é uma opção ideal para médicos e pequenas empresas que desejam criar designs de alta qualidade sem gastar muito tempo e recursos.

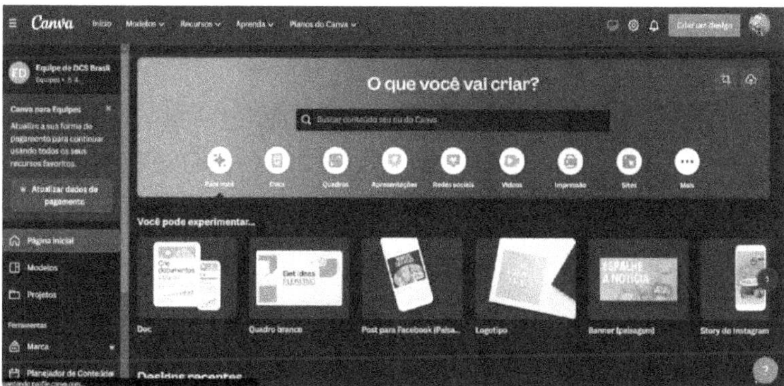

Foto do site canva.com retirada em 2023

Como uma surpresa para os médicos que estão lendo este livro, nós temos um bônus especial para eles! Estamos oferecendo um calendário de postagem de 3 meses pronto para ser editado e seguindo no Canva. O Canva é uma ferramenta poderosa e fácil de usar para a criação de designs e conteúdo para suas mídias sociais.

Com o calendário de postagem, os médicos terão um guia claro de quais tipos de postagens eles devem fazer e quando fazê-las. Isso ajudará a garantir que eles estejam sempre alimentando suas redes sociais com conteúdo relevante e de qualidade. Além disso, o Canva fornece vários modelos e designs prontos que podem ser personalizados para atender às necessidades específicas de cada médico.

Com este bônus, os médicos terão a oportunidade de experimentar o Canva e descobrir por si mesmos o quanto ele pode ser útil na criação de conteúdo de qualidade para suas mídias sociais. Então, não perca mais tempo e comece a aproveitar o poder do Canva para aumentar a presença de seu consultório médico nas mídias sociais.

O ENGAJAMENTO

O engajamento é a interação dos seguidores com as suas publicações nas redes sociais. Ele é uma forma de avaliar se suas estratégias estão funcionando e atingindo seu público-alvo de maneira eficaz. É importante que os médicos compreendam a importância de cada mídia social para o seu negócio e saibam como utilizá-las de maneira eficaz para alcançar o máximo de engajamento possível.

O Facebook, por exemplo, é uma das redes sociais mais populares e pode ser uma ferramenta poderosa para os médicos se conectarem com seus pacientes e aumentar a visibilidade de seu consultório. No Facebook, é possível publicar fotos, vídeos, textos e outros tipos de conteúdo, além de responder aos comentários e mensagens dos seguidores.

Já o Instagram é uma rede social visual, onde as imagens e vídeos são a forma principal de se comunicar. É uma excelente plataforma para os médicos que desejam mostrar a personalidade de seu consultório e compartilhar imagens de seus pacientes satisfeitos.

O Twitter é uma rede social rápida e interativa que permite aos médicos compartilhar pensamentos e notícias curtas com seus seguidores. É uma ótima maneira de se manter conectado e envolvido com a comunidade.

Em resumo, cada mídia social tem suas próprias características e pode ser utilizada de maneira diferente para alcançar os objetivos de marketing dos médicos. É importante que eles escolham as mídias sociais certas para seu consultório e criem uma estratégia de conteúdo eficaz para maximizar o engajamento de seus seguidores.

Curtidas e gostei são métricas relevantes?

No capítulo 5, vamos discutir sobre a relevância das métricas de curtidas e gostei nas mídias sociais. Muitos médicos se perguntam se essas métricas realmente importam e se elas têm algum impacto no sucesso da sua presença online.

A resposta é sim, curtidas e gostei são métricas relevantes, mas apenas em parte. Elas podem ser uma forma de medir o engajamento dos seus seguidores com as suas publicações, mas não devem ser vistas como o único indicador de sucesso. Além disso, essas métricas podem ser facilmente manipuladas, o que torna difícil confiar nelas como uma métrica precisa.

Em vez disso, é importante considerar outras métricas, como o número de compartilhamentos, comentários e cliques nos links nas suas publicações. Essas métricas são mais precisas e indicam um verdadeiro interesse e engajamento por parte dos seus seguidores.

Além disso, é importante lembrar que o objetivo final da sua presença nas mídias sociais é construir relacionamentos com seus pacientes e outros profissionais da área médica, e não apenas alcançar um alto número de curtidas e gostei. Ao se concentrar em publicações de qualidade e relevantes para o seu público-alvo, você pode construir uma presença sólida e confiável nas mídias sociais, que irá ajudá-lo a alcançar seus objetivos a longo prazo.

Em resumo, as métricas de curtidas e gostei são relevantes, mas não devem ser vistas como o único indicador de sucesso. É importante considerar outras métricas, como o número de compartilhamentos e comentários, e lembrar que o objetivo final da sua presença nas mídias sociais é construir relacionamentos de qualidade com seus pacientes e outros profissionais da área médica.

Capítulo 5: Como criar uma estratégia de conteúdo eficaz para médicos

Como médico, você está sempre buscando maneiras de melhorar sua prática e fornecer o melhor atendimento possível aos seus pacientes. Mas, para alcançar esse objetivo, é importante também investir em marketing. Uma estratégia de conteúdo eficaz pode ajudá-lo a alcançar novos pacientes e a fidelizar os existentes. Neste capítulo, vamos explorar algumas dicas para criar uma estratégia de conteúdo eficaz.

1. **Conheça seu público-alvo:** Antes de começar a criar conteúdo, é importante entender quem é o seu público-alvo. Isso inclui informações sobre sua idade, gênero, interesses, desafios e objetivos. Ao conhecer seu público-alvo, você pode criar conteúdo relevante e atraente para eles.

2. **Defina seus objetivos de marketing:** Antes de começar a criar conteúdo, é importante definir seus objetivos de marketing. Alguns exemplos incluem aumentar o tráfego do site, aumentar as reservas de consultas, aumentar a fidelidade dos pacientes, entre outros. Ao definir seus

objetivos, você pode planejar e medir o sucesso de sua estratégia de conteúdo.

3. **Crie conteúdo útil e relevante:** O conteúdo é o coração de sua estratégia de marketing. É importante criar conteúdo que seja útil e relevante para seu público-alvo. Alguns exemplos incluem blogs sobre saúde, vídeos educativos, infográficos, entre outros. O objetivo é fornecer valor ao seu público-alvo e estabelecer sua autoridade como médico.

4. **Utilize as mídias sociais:** As mídias sociais são uma ótima maneira de alcançar seu público-alvo e compartilhar seu conteúdo. Algumas dicas incluem: publicar regularmente, interagir com seus seguidores, compartilhar conteúdo relevante de outras fontes e responder a perguntas e comentários.

5. **Medir e ajustar sua estratégia:** Por fim, é importante medir o sucesso de sua estratégia de conteúdo e fazer ajustes conforme necessário

Publico Alvo:

"Conheça seu público-alvo para criar conteúdo relevante e atraente"

Se você é um médico e está buscando maneiras de aumentar sua presença online e atrair novos pacientes, é importante conhecer seu público-alvo. Isso pode parecer um passo óbvio, mas muitos profissionais da saúde cometem o erro de criar conteúdo sem ter uma compreensão clara de quem é seu público-alvo e o que eles procuram.

Ao conhecer seu público-alvo, você pode descobrir informações valiosas sobre sua idade, gênero, interesses, desafios e objetivos. Isso permitirá que você crie conteúdo relevante e atraente que atenda às necessidades e desejos de seus pacientes potenciais.

Por exemplo, se você descobrir que seu público-alvo inclui muitas mães jovens, pode criar conteúdo que aborde questões de saúde relacionadas à gravidez e à criação de filhos.

Ao criar conteúdo relevante e atraente, você pode estabelecer sua autoridade como médico e construir relacionamentos com seus pacientes potenciais. Além disso, seu conteúdo pode ser compartilhado nas mídias sociais e atrair ainda mais pacientes para sua clínica.

Em resumo, não subestime a importância de conhecer seu público-alvo. Isso pode ser a diferença entre criar conteúdo que não atrai pacientes e criar conteúdo que ajuda a construir sua prática. Então, antes de começar a criar conteúdo, dedique algum tempo para entender quem é seu público-alvo e o que eles procuram. Isso permitirá que você crie conteúdo relevante e atraente que atenda às necessidades de seus pacientes potenciais e ajude a construir sua prática.

Defina seus objetivos de marketing:

"Conheça seu público-alvo para criar conteúdo relevante e atraente"

Se você está buscando alcançar sucesso em seu marketing como médico, é importante definir claramente seus objetivos de marketing. Sem objetivos claros, você não terá uma forma eficaz de medir o sucesso de sua estratégia de conteúdo.

Alguns exemplos de objetivos de marketing incluem aumentar o tráfego do site, aumentar as reservas de consultas, aumentar a fidelidade dos pacientes, entre outros. Ao definir seus objetivos, você pode planejar e medir o sucesso de sua estratégia de conteúdo. Por exemplo, se o seu objetivo é aumentar o tráfego do site, você pode medir o número de visitantes em seu site antes e depois de implementar sua estratégia de conteúdo.

Ao medir o sucesso de sua estratégia de conteúdo, você pode fazer ajustes conforme necessário para garantir que esteja alcançando seus objetivos.

Além disso, você pode identificar o que está funcionando bem e o que precisa ser melhorado, o que permitirá que você continue a melhorar sua estratégia de marketing ao longo do tempo.

Em resumo, a definição clara de seus objetivos de marketing é fundamental para garantir o sucesso de sua estratégia de conteúdo. Não subestime a importância de definir seus objetivos e medir o sucesso de sua estratégia de conteúdo. Isso permitirá que você ajuste e melhore sua estratégia de marketing ao longo do tempo, o que pode ajudá-lo a alcançar novos pacientes e a fidelizar os existentes.

Nota do autor:

Olá, querido leitor!

Como médico, você sabe o quanto é importante fornecer o melhor atendimento possível aos seus pacientes. E, para alcançar esse objetivo, é crucial investir em marketing. Mas, onde começar? Bem, antes de mais nada, é importante entender que a criação de uma estratégia de conteúdo eficaz começa com o conhecimento de seu público-alvo.

Sim, eu sei que você já ouviu isso antes, mas permita-me repetir: conhecer seu público-alvo é crucial. Isso inclui informações sobre sua idade, gênero, interesses, desafios e objetivos. Ao conhecer seu público-alvo, você pode criar conteúdo relevante e atraente para eles, o que pode ajudá-lo a alcançar novos pacientes e a fidelizar os existentes.

E, claro, não posso deixar de mencionar a importância de definir seus objetivos de marketing. Sem objetivos claros, você não terá uma forma eficaz de medir o sucesso de sua estratégia de conteúdo. Alguns exemplos de objetivos de marketing incluem aumentar o tráfego do site, aumentar as reservas de consultas, aumentar a fidelidade dos pacientes, entre outros. Ao definir seus objetivos, você pode planejar e medir o sucesso de sua estratégia de conteúdo.

Peço desculpas por ser redundante, mas acredito que é importante destacar esses pontos. Conhecer seu público-alvo e definir seus objetivos de marketing são passos fundamentais para a criação de uma estratégia de conteúdo eficaz. E, com o tempo e a prática, você pode continuar a melhorar sua estratégia de marketing para alcançar ainda mais sucesso em sua prática.

Lembre-se: *o conhecimento de seu público-alvo e a definição de seus objetivos de marketing são a chave para criar uma estratégia de conteúdo eficaz. Então, não hesite em dedicar tempo e esforço para essas áreas. O sucesso de sua prática depende disso!*

Aprendendo a construir o público alvo (Buyer Persona)

A técnica de construção de público-alvo, também conhecida como Buyer Persona, é uma forma eficaz de entender seu público-alvo e criar conteúdo relevante para eles. Aqui está um passo a passo para ajudá-lo a construir sua Buyer Persona:

1. Colete informações sobre seu público-alvo: Reúna informações sobre seu público-alvo, incluindo sua idade, gênero, localização, profissão, renda, interesses e desafios.

2. Analise as informações: Analise as informações que você coletou para identificar padrões e tendências.

3. Crie um perfil detalhado: Com base nas informações coletadas e analisadas, crie um perfil detalhado de seu

público-alvo, incluindo informações demográficas, comportamentais e psicográficas.

4. Dê um nome e uma história à sua Buyer Persona: Dê um nome e uma história à sua Buyer Persona para torná-la mais real e fácil de se lembrar.

5. Utilize sua Buyer Persona na criação de conteúdo: Utilize sua Buyer Persona para orientar a criação de conteúdo relevante e atraente para seu público-alvo.

Uma ferramenta que pode ajudar os médicos a construir sua Buyer Persona é o Canva. Ele fornece modelos pré-fabricados e ferramentas fáceis de usar para criar gráficos e infográficos que apresentam sua Buyer Persona de forma visual e atraente.

Além disso, aqui está uma lista de perguntas que você pode fazer para ajudá-lo a construir sua Buyer Persona:

Qual é a idade e o gênero de seu público-alvo?

Onde eles moram?

Qual é sua profissão e renda?

Quais são seus interesses e hobbies?

Quais são seus desafios e preocupações em relação à saúde?

Como eles procuram informações sobre saúde?

Quais são suas expectativas em relação a um médico e a uma consulta?

Aqui está um exemplo de uma Buyer Persona:

Nome: Maria Silva

Idade: 35 anos

Gênero: Feminino

Localização: São Paulo

Profissão: Advogada

Renda: R$8.000 a R$10.000

Interesses: Leitura, viagens, yoga

Desafios: Equilibrar a vida pessoal e profissional, manter-se saudável apesar do estresse

Maria é uma advogada de 35 anos que mora em São Paulo. Ela tem uma renda média de R$8.000 a R$10.000 por mês e gosta de ler, viajar e praticar yoga. Maria está constantemente enfrentando o desafio de equilibrar sua vida pessoal e profissional e manter-se saudável apesar do estresse de sua carreira. Ela procura informações sobre saúde na internet e valoriza médicos que a escutam e entendem suas preocupações. Maria espera ter uma boa comunicação com seu médico e sentir-se confortável durante suas consultas.

Esta Buyer Persona pode ser usada para orientar a criação de conteúdo relevante e atraente para o público de Maria, como artigos sobre equilíbrio entre a vida pessoal e profissional e dicas para manter-se saudável em situações de estresse. Além disso, ao entender as expectativas de Maria em relação a um médico e a uma consulta, os médicos podem se esforçar para atendê-las e construir relacionamentos duradouros com seus pacientes.

Utilize as mídias sociais:

As mídias sociais permitem que você se conecte com seu público-alvo de maneira mais pessoal e autêntica, o que pode ajudá-lo a construir relacionamentos duradouros com seus pacientes.

Aqui estão algumas dicas para ajudá-lo a usar as mídias sociais para alcançar seu público-alvo e compartilhar seu conteúdo:

1. **Publique regularmente:** Mantenha suas mídias sociais atualizadas publicando regularmente. Isso mostra a seus seguidores que você é ativo e comprometido com sua presença nas mídias sociais.

2. **Interaja com seus seguidores:** Interaja com seus seguidores respondendo a perguntas e comentários, curtindo e compartilhando publicações relevantes. Isso ajuda a construir relacionamentos duradouros com seus seguidores.

3. **Compartilhe conteúdo relevante de outras fontes**: Além de compartilhar seu próprio conteúdo, compartilhe conteúdo relevante de outras fontes para mostrar a seus seguidores que você está sempre buscando informações úteis e relevantes para eles.

4. **Responda a perguntas e comentários:** Certifique-se de responder a perguntas e comentários de seus seguidores de maneira rápida e profissional. Isso mostra que você valoriza sua presença nas mídias sociais e está sempre disponível para responder às perguntas de seus seguidores.

Em resumo, as mídias sociais são uma ótima maneira de alcançar seu público-alvo e compartilhar seu conteúdo. Seguindo essas dicas, você pode aproveitar ao máximo sua presença nas mídias sociais e construir relacionamentos duradouros com seus pacientes. Não hesite em explorar as mídias sociais e usá-las a seu favor em sua estratégia de marketing.

Nota do autor:

"Olá, leitor!

Este trecho será breve porque já abordamos as mídias sociais nos capítulos anteriores. No entanto, é importante lembrar que nem tudo são flores quando se trata de marketing digital. Embora as mídias sociais sejam uma ótima maneira de alcançar seu público-alvo e compartilhar seu conteúdo, é importante lembrar que você precisará investir em tráfego pago se quiser resultados mais rápidos.

Mas não se desanime! Ainda há muito mais para aprender sobre marketing digital e como atrair pacientes para o seu consultório. Continuar lendo este livro é a chave para iniciar uma campanha de sucesso e atrair muitos pacientes para o seu consultório. Estou animado para compartilhar mais informações valiosas com você e ajudá-lo a alcançar seus objetivos de marketing.

Vamos juntos nessa jornada e transformar seu consultório em um sucesso!"

"Medir e ajustar sua estratégia: A chave para o sucesso"

Se você quer alcançar sucesso em sua estratégia de marketing, é fundamental medir e ajustar constantemente. Isso permite que você saiba o que está funcionando e o que precisa ser melhorado, garantindo que você esteja sempre um passo à frente de seus concorrentes.

Mas, como você mede e ajusta sua estratégia de marketing? Aqui estão algumas dicas para ajudá-lo:

1. Definir métricas claras: Antes de começar a medir sua estratégia, é importante definir métricas claras que você usará para avaliar seu sucesso. Algumas métricas comuns incluem tráfego do site, conversões, retenção de pacientes e receita.

2. Utilizar ferramentas de análise: Utilize ferramentas de análise, como o Google Analytics, para medir e acompanhar suas métricas. Isso permite que você veja rapidamente onde estão suas oportunidades de melhoria.

3. Analisar os dados: Analise os dados coletados com regularidade para entender o que está funcionando e o que precisa ser ajustado em sua estratégia.

4. Testar e experimentar: Não tenha medo de testar e experimentar novas abordagens. Isso permite que você descubra o que funciona melhor para seu público-alvo.

5. Fazer ajustes regulares: Ajuste sua estratégia com base nas informações coletadas. Isso permite que você esteja sempre melhorando e ajustando sua estratégia para alcançar o sucesso.

Você pode garantir que sua estratégia esteja sempre no caminho certo e que você esteja alcançando seus objetivos de marketing. Não hesite em usar ferramentas de análise e testar novas abordagens para alcançar o sucesso em sua estratégia de marketing."

Métricas claras

Aqui está uma explicação de cada uma das métricas comuns e a melhor forma de medir cada uma:

1. Tráfego do site: O tráfego do site mede o número de visitantes que chegam ao seu site. É importante medir o tráfego do site para entender quantas pessoas estão chegando ao seu site e de onde elas estão vindo. A melhor maneira de medir o tráfego do site é usando uma ferramenta de análise, como o Google Analytics.

2. Conversões: As conversões medem o número de pessoas que realizam uma ação específica em seu site, como preencher um formulário de contato ou agendar uma consulta. É importante medir as conversões para entender o sucesso de sua estratégia de marketing e para identificar onde estão suas oportunidades de melhoria. A melhor maneira de medir as conversões é usando uma ferramenta de análise, como o Google Analytics, e configurando as métricas de conversão.

3. Retenção de pacientes: A retenção de pacientes mede o número de pacientes que continuam a usar seus serviços após a primeira consulta. É importante medir a retenção de pacientes para entender se você está construindo relacionamentos duradouros com seus pacientes. A melhor maneira de medir a retenção de pacientes é mantendo registros precisos de suas consultas e usando

uma ferramenta de análise, como o Google Analytics, para medir o número de pacientes que continuam a usar seus serviços.

4. Receita: A receita mede o dinheiro que você está ganhando com suas consultas. É importante medir a receita para entender o sucesso financeiro de sua estratégia de marketing. A melhor maneira de medir a receita é mantendo registros precisos de suas consultas e usando uma ferramenta de análise, como o Google Analytics, para medir o número de pacientes que estão pagando por suas consultas.

Eu quero compartilhar uma excelente notícia com você. Vamos instalar o Google Kit em nosso site para coletar dados sobre suas métricas de marketing. O Google Kit é um plugin do Wordpress que se conecta à API do Google Analytics para coletar e exibir seus dados de métricas.

Mas, o que é uma API? Uma API (Application Programming Interface) é uma interface que permite que você acesse dados de outros aplicativos e sistemas. No caso do Google Kit, a API do Google Analytics é usada para coletar e exibir seus dados de métricas em seu site Wordpress.

Não se preocupe deixarei links de vídeos bônus para ajudá-lo a instalar o plugin sem maiores problemas. Não há desculpa para não medir e ajustar sua estratégia de marketing com sucesso!

Estou animado para ajudá-lo a instalar o Google Kit e começar a coletar seus dados de métricas. Vamos juntos alcançar o sucesso em sua estratégia de marketing!"

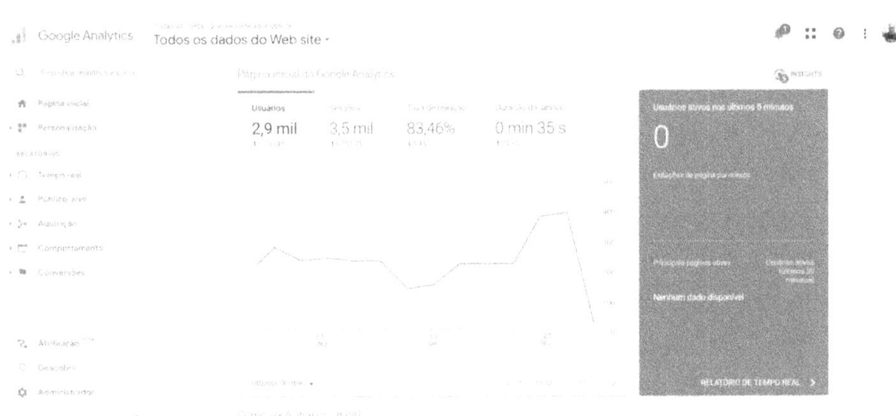

Tela do Google Analytics em 2023

Testar e experimentar:

Você já se perguntou como testar e experimentar diferentes tipos de conteúdo e campanhas em suas mídias sociais? Uma ótima maneira de fazer isso é usando o conceito A/B de testes de conteúdo.

O A/B testing é uma técnica de teste que consiste em comparar duas versões diferentes de um mesmo conteúdo, como uma imagem ou texto, para descobrir qual gera o melhor resultado. Essa técnica pode ser muito útil para os médicos que desejam testar diferentes tipos de conteúdo e campanhas, e entender melhor o que funciona melhor para o seu público-alvo.

Aqui está um passo a passo para ajudá-lo a criar um conteúdo de valor e testá-lo usando a técnica A/B:

1. **Identifique o conteúdo que deseja testar:** Pode ser uma imagem, vídeo, texto, ou qualquer outro tipo de conteúdo que desejar.

2. **Crie duas versões diferentes do conteúdo:** Faça duas variações do conteúdo que deseja testar, e mude apenas um aspecto do conteúdo, como a cor, tamanho, ou texto.

3. **Defina o objetivo do teste:** O que você deseja alcançar com esse teste? Pode ser aumentar o engajamento, cliques, ou conversões.

4. **Determine a amostra:** Escolha uma amostra de seguidores que irão visualizar cada versão do conteúdo.

5. **Realize o teste:** Publique as duas versões do conteúdo para a amostra escolhida, e acompanhe o desempenho de cada versão usando as métricas relevantes.

6. **Analise os resultados:** Compare as métricas das duas versões do conteúdo e determine qual teve o melhor desempenho.

7. **Faça ajustes e continue testando:** Com base nos resultados do teste, faça ajustes no conteúdo e continue testando para obter resultados ainda melhores.

Lembre-se, a chave para o sucesso do A/B testing é testar apenas uma variável de cada vez, para garantir que você está obtendo resultados precisos.

Com o tempo, você pode experimentar diferentes tipos de conteúdo e campanhas, e descobrir o que funciona melhor para o seu público-alvo.

Por exemplo, um médico que queira aumentar o engajamento nas suas redes sociais pode testar duas imagens diferentes para um post no Instagram, mudando apenas a cor de fundo de cada imagem. Depois de analisar os resultados, ele pode descobrir que a imagem com a cor azul teve mais engajamento, e pode continuar usando essa cor em seus próximos posts.

Em resumo, o A/B testing é uma técnica poderosa para testar e experimentar diferentes tipos de conteúdo e campanhas, e descobrir o que funciona melhor para o seu público-alvo. Siga esses passos simples e comece a testar seus próprios conteúdos hoje!

importância de testar e experimentar diferentes estratégias de marketing:

Muitas vezes, as pessoas acham que têm que ter uma estratégia perfeita desde o início, mas a verdade é que isso é quase impossível. O marketing é uma área que está em constante mudança, e o que funciona hoje pode não funcionar amanhã. Por isso, é importante testar e experimentar diferentes estratégias para encontrar o que funciona melhor para o seu negócio.

Existem várias maneiras de fazer isso. Por exemplo, você pode testar diferentes tipos de anúncios no Facebook ou Instagram, diferentes títulos para um e-mail de marketing, ou diferentes abordagens em uma campanha de marketing por e-mail. A ideia é testar diferentes variações e ver qual delas gera o melhor resultado.

Mas por que isso é tão importante? Bem, em primeiro lugar, testar e experimentar ajuda você a economizar tempo e dinheiro. Se você investir uma grande quantia em uma estratégia de marketing que não funciona, você terá desperdiçado recursos valiosos. Em segundo lugar, testar e experimentar permite que você melhore continuamente as suas estratégias de marketing. Você pode sempre aprimorar o que está funcionando bem e ajustar o que não está funcionando.

No final das contas, testar e experimentar é uma parte essencial do processo de marketing. Não tenha medo de tentar coisas novas e arriscar um pouco. Você pode se surpreender com os resultados. Além disso, é importante lembrar que cada negócio é único, e o que funciona para um pode não funcionar para outro. Por isso, é essencial que você teste e experimente as suas próprias estratégias para descobrir o que funciona melhor para você.

Em resumo, testar e experimentar é uma parte vital do processo de marketing. Não tenha medo de tentar coisas novas e ajustar as suas estratégias de acordo com os resultados. Com o tempo, você pode aprimorar a sua estratégia de marketing e alcançar um sucesso ainda maior. Então, vá em frente e experimente coisas novas - você pode se surpreender com o resultado!

Nota do autor:

"Olá, leitor!

Estou animado que você chegou até aqui *e está seguindo adiante na sua jornada de marketing digital para o seu consultório médico.* ***Até agora, já passamos por 5 capítulos*** *em que você aprendeu a definir objetivos de marketing, escolher as mídias sociais certas, criar uma estratégia de conteúdo eficaz, e a importância de testar e experimentar diferentes abordagens. Com esses capítulos, você já tem a base e as ferramentas para criar e medir o seu conteúdo de forma eficaz.*

Mas como diz o ditado, ***"quem é visto é lembrado"****, e é por isso que agora vamos falar sobre a importância de manter um bom relacionamento com os seus clientes e nutri-los. Isso envolve manter um diálogo aberto, fornecer conteúdo relevante e útil, e ouvir feedbacks.*

Manter um bom relacionamento com os seus clientes *pode* ***ajudar a estabelecer a lealdade do cliente****, o que pode levar a um aumento nas vendas e recomendações. Além disso, manter um diálogo aberto com os seus clientes pode ajudar você a entender melhor as suas necessidades e desejos, e assim criar conteúdo que seja ainda mais relevante e valioso para eles.*

Para nutrir o seu relacionamento com os clientes, você pode enviar e-mails com conteúdo relevante, publicar postagens nas redes sociais que ***respondam às suas perguntas e dúvidas, e estar presente nos momentos importantes da vida deles.*** *Isso pode incluir mandar uma mensagem de felicitação pelo* aniversário ou fazer uma publicação sobre um feriado importante.

No final das contas, manter um bom relacionamento com os clientes é uma parte essencial do marketing digital. Com as ferramentas e conhecimentos que você já aprendeu até aqui, você está bem equipado para nutrir esse relacionamento e criar uma comunidade em torno do seu consultório médico. **Continue seguindo em frente e, quem sabe, você pode se surpreender com os resultados.**

Capítulo6: Como fazer uma campanha de e-mail marketing bem-sucedida

"A Era do E-mail: Uma Viagem no Tempo"

Nos anos 1960, um engenheiro de computação chamado Ray Tomlinson enviou o primeiro e-mail. Ele escolheu o símbolo @ como separador de nome de usuário e endereço de computador, e assim, o e-mail foi inventado. Naquela época, o e-mail era utilizado principalmente por engenheiros de computação e militares, mas rapidamente se espalhou para outros setores.

Na década de 1990, o e-mail começou a se popularizar entre o público em geral, com o aumento do uso de computadores pessoais e a expansão da Internet. As empresas começaram a usar o e-mail para se comunicar com seus clientes e fornecedores, e as pessoas começaram a usá-lo para se comunicar com amigos e familiares.

Hoje, o e-mail é uma das formas mais populares de comunicação na Internet. As empresas continuam a usá-lo para se comunicar com seus clientes e fornecedores, e as pessoas usam-no para se comunicar com amigos, familiares e colegas de trabalho. Além disso, o e-mail é amplamente utilizado como uma ferramenta de marketing, permitindo que as empresas enviem mensagens personalizadas para seus clientes.

Em resumo, o e-mail tem vindo a evoluir desde sua invenção nos anos 1960, e hoje é uma das formas mais populares de comunicação na Internet. Da próxima vez que você enviar ou receber um e-mail, pense na jornada que ele fez desde sua invenção até chegar aos seus dedos."

O e-mail está ultrapassado com o whatsapp?

Não, o e-mail ainda é uma ferramenta vital para as estratégias de marketing digital. Embora o WhatsApp seja uma forma popular de comunicação, ele ainda não substituiu o e-mail como uma ferramenta de marketing eficaz.

O e-mail tem uma série de vantagens sobre o WhatsApp, incluindo:

1. Alcance global: Enquanto o WhatsApp é popular em muitos países, o e-mail ainda é a forma de comunicação mais ampla e acessível na Internet, com a capacidade de chegar a pessoas em todo o mundo.

2. Menos restrições: O WhatsApp tem restrições rigorosas em relação ao uso comercial, o que significa que as empresas precisam encontrar maneiras criativas de se comunicar com seus clientes através do aplicativo. O e-mail, por outro lado, é projetado especificamente para a comunicação comercial.

3. Medição fácil: O e-mail permite uma medição fácil e precisa de suas métricas, como abertura de e-mails, cliques e conversões. Isso permite que você ajuste sua estratégia de marketing de acordo com seus dados.

Em resumo, o e-mail ainda é uma ferramenta valiosa para as estratégias de marketing digital, e não está ultrapassado pelo WhatsApp. As empresas devem considerar o uso de ambas as ferramentas, dependendo de suas necessidades específicas e objetivos de marketing.

Hoje, o e-mail é uma ferramenta crucial para qualquer estratégia de marketing digital bem-sucedida. Aqui estão algumas razões pelas quais o e-mail é tão importante:

1. Alcance direto: O e-mail permite que as empresas entrem em contato diretamente com seus clientes e prospectos, oferecendo mensagens personalizadas e relevantes.

2. Taxa de conversão elevada: As pesquisas mostram que o e-mail tem uma taxa de conversão mais elevada do que outras formas de marketing digital, como o marketing nas mídias sociais ou o marketing por meio de anúncios online.

3. Medição fácil: O e-mail permite uma medição fácil e precisa de suas métricas, como abertura de e-mails, cliques e conversões. Isso permite que você ajuste sua estratégia de marketing de acordo com seus dados.

4. Baixo custo: O e-mail é uma das formas mais acessíveis de marketing digital, pois é gratuito enviar e-mails em massa usando ferramentas como o Mailchimp ou o Constant Contact.

Em resumo, o e-mail é uma das ferramentas mais importantes para qualquer estratégia de marketing digital bem-sucedida. Com alcance direto, taxa de conversão elevada, medição fácil e baixo custo, o e-mail é uma escolha óbvia para qualquer empresa que deseje alcançar seus objetivos de marketing.

"Como fazer uma campanha de e-mail marketing bem-sucedida"

O e-mail marketing é uma das formas mais eficazes de alcançar e se comunicar com seu público-alvo. No entanto, para ter sucesso, é importante seguir algumas etapas importantes para garantir que sua campanha seja bem-sucedida. Aqui estão as etapas para criar uma campanha de e-mail marketing de sucesso:

- **Defina seu público-alvo:** Antes de começar a criar sua campanha, é importante definir quem é o seu público-alvo. Isso inclui informações sobre sua idade, gênero, interesses, desafios e objetivos. Ao conhecer seu público-alvo, você pode criar mensagens relevantes e atraentes para eles.

- **Crie uma lista de e-mails:** Para enviar sua campanha de e-mail marketing, você precisa de uma lista de endereços de e-mail de pessoas que tenham interesse em receber suas mensagens. Você pode criar sua lista de várias maneiras, como coletar endereços de e-mail em seu site ou comprar uma lista de leads qualificados.

- **Escreva uma mensagem atraente:** Sua mensagem de e-mail deve ser atraente e relevante para seu público-alvo. Além disso, ela deve ter um assunto claro e uma chamada para a ação forte.

- **Escolha um modelo de e-mail:** Existem muitos modelos de e-mail disponíveis, desde modelos simples e textuais até modelos mais elaborados com imagens e gráficos. Escolha um modelo que melhor se adapte à sua mensagem e ao seu público-alvo.

- **Teste sua mensagem:** Antes de enviar sua campanha, é importante testá-la para garantir que ela esteja funcionando corretamente. Isso inclui testar o layout, as imagens e o link de chamada para a ação.

- **Envie sua campanha:** Depois de seguir todas as etapas acima, você está pronto para enviar sua campanha de e-mail marketing. É importante enviar sua mensagem em um horário que seja conveniente para seu público-alvo e monitorar suas métricas para verificar o sucesso de sua campanha.

Site do Mailchimp em 2023 - https://mailchimp.com

O uso de e-mail marketing para consultórios e clínicas pode se concentrar em diferentes estratégias de acordo com os objetivos de marketing da clínica. Aqui estão algumas dicas para usar o e-mail marketing em consultórios e clínicas:

Comunicação com pacientes existentes: O e-mail marketing pode ser usado para manter os pacientes informados sobre suas próximas consultas, fornecer lembretes de cuidados de saúde e compartilhar informações relevantes sobre saúde e bem-estar.

Promoções e ofertas especiais: O e-mail marketing pode ser usado para anunciar promoções ou ofertas especiais, como descontos em tratamentos ou pacotes de cuidados de saúde.

Conteúdo relevante: O e-mail marketing pode ser usado para compartilhar conteúdo relevante com seus pacientes, como artigos sobre saúde, dicas para manter-se saudável e novidades sobre tratamentos e tecnologias.

Em resumo, o e-mail marketing pode ser uma ferramenta valiosa para clínicas e consultórios, fornecendo uma maneira de manter os pacientes informados, promover ofertas especiais e compartilhar conteúdo relevante.

O uso de e-mail marketing para consultórios e clínicas pode se concentrar em diferentes estratégias de acordo com os objetivos de marketing da clínica. Aqui estão algumas dicas para usar o e-mail marketing em consultórios e clínicas:

1. Comunicação com pacientes existentes: O e-mail marketing pode ser usado para manter os pacientes informados sobre suas próximas consultas, fornecer lembretes de cuidados de saúde e compartilhar informações relevantes sobre saúde e bem-estar.

2. Dicas e cuidados de saúde: O e-mail marketing pode ser usado para compartilhar dicas e conselhos sobre saúde e bem-estar, ajudando os pacientes a cuidar de sua saúde e prevenir problemas de saúde.

3. Conteúdo relevante: O e-mail marketing pode ser usado para compartilhar conteúdo relevante com seus pacientes, como artigos sobre saúde, dicas para manter-se saudável e novidades sobre tratamentos e tecnologias.

4. Em resumo, o e-mail marketing pode ser uma ferramenta valiosa para clínicas e consultórios, fornecendo uma maneira de manter os pacientes informados, promover ofertas especiais e compartilhar conteúdo relevante.

Aqui está um exemplo de um cronograma de e-mail para um consultório médico de pequeno porte:

Mês	Tipo de E-mail	Conteúdo
Janeiro	Bem-vindo	Boas-vindas aos novos pacientes, informações sobre o consultório e equipe
Fevereiro	Dicas cuidados	ajudando os pacientes a cuidar de sua saúde e prevenir problemas de saúde.
Março	Conteúdo	Artigo sobre como cuidar da sua saúde durante a primavera
Abril	Lembrete	Lembrete sobre consultas agendadas e cuidados de saúde
Maio	Conteúdo	Artigo sobre como manter-se saudável durante o verão
Junho	Promoção	Cuidados com o inverno para tratamentos de pele
Julho	Conteúdo	Artigo sobre como manter-se hidratado durante o verão
Agosto	Lembrete	Lembrete sobre consultas agendadas e cuidados de saúde
Setembro	Conteúdo	Artigo sobre como preparar-se para o outono
Outubro	Promoção	A importância dos exames preventivos
Novembro	Conteúdo	Artigo sobre como manter-se saudável durante o inverno
Dezembro	Boas Festas	Mensagem de boas festas e agradecimento aos pacientes

Este é apenas um exemplo de um cronograma de e-mail para um consultório médico de pequeno porte. É importante lembrar que o conteúdo do e-mail deve ser relevante e atraente para seu público-alvo e que as datas e tipos de e-mail podem ser ajustados de acordo com as necessidades do consultório.

Veja o exemplo de um e-mail simples e muito funcional:

Olá [Nome do paciente],

Seja bem-vindo ao nosso consultório! Nós estamos animados por ter você como nosso novo paciente e queremos garantir que sua experiência conosco seja excepcional.

Nosso consultório foi fundado com o objetivo de fornecer cuidados de saúde de alta qualidade e atendimento personalizado a cada paciente. Nossa equipe de profissionais altamente treinados trabalha em conjunto para garantir que suas necessidades de saúde sejam atendidas da melhor maneira possível.

Aqui estão algumas informações úteis sobre nossa clínica:

Horários de atendimento: Nós estamos abertos de [horário de abertura] às [horário de fechamento] de segunda a sexta-feira e de [horário de abertura aos fins de semana].

Localização: Nossa clínica fica localizada em [endereço da clínica].

Agendamento de consultas: Você pode agendar sua consulta por telefone, on-line ou diretamente conosco na clínica.

Se você tiver alguma dúvida ou precisar de mais informações, não hesite em entrar em contato conosco. Estamos ansiosos para atendê-lo e ajudá-lo a cuidar de sua saúde.

Atenciosamente,

[Nome do consultório]

Capítulo 7: Como utilizar o SEO para ranquear seu site de consultório médico

Olá, caro leitor! Neste capítulo, vamos falar sobre a importância do SEO (Search Engine Optimization) para as clínicas médicas. O SEO é um conjunto de técnicas e práticas que visam melhorar o posicionamento de um site nas páginas de resultados dos motores de busca, como o Google, e, assim, aumentar a visibilidade e a relevância do seu site para o seu público-alvo.

Mas o que isso significa para o seu consultório médico? Bem, quando um usuário realiza uma pesquisa no Google, ele geralmente clica nos primeiros resultados que aparecem na página de resultados. Se o seu site estiver entre esses primeiros resultados, você terá mais chances de ser encontrado por novos pacientes em potencial.

Por exemplo, a Clínica XYZ em São Paulo viu um aumento significativo em suas visitas no site após investir em SEO. Eles começaram a otimizar seu conteúdo para as palavras-chave relacionadas aos seus serviços, adicionaram backlinks de qualidade, e melhoraram a experiência do usuário no site, o que levou a uma melhor posição nos resultados de pesquisa do Google.

Para começar a otimizar o seu site para SEO, há algumas melhores práticas que você pode seguir:

1. Use palavras-chave relevantes: Identifique as palavras-chave que as pessoas usam para procurar informações relacionadas aos seus serviços e use-as estrategicamente no seu site e blog.

2. Publique conteúdo de qualidade: Crie conteúdo relevante e útil que responda às perguntas dos seus pacientes em potencial e demonstre a sua experiência em sua área.

3. Melhore a experiência do usuário: Torne o seu site fácil de navegar, com um design limpo e intuitivo, e garanta que as suas páginas carreguem rapidamente.

Se você estiver usando o WordPress, existem algumas dicas adicionais que podem ajudar você a otimizar o seu site para SEO:

4. Use um tema otimizado para SEO: Escolha um tema que seja otimizado para SEO, com código limpo e boa velocidade de carregamento.

5. Use um plugin de SEO: Instale um plugin de SEO, como o Yoast SEO, que pode ajudar você a otimizar suas páginas e postagens para as palavras-chave relevantes.

6. Use a propriedade da página do Google: Verifique sua propriedade da página no Google Search Console, para que você possa monitorar e otimizar seu desempenho no Google.

É importante lembrar que o SEO é uma parte importante do marketing digital, mas é apenas uma das muitas táticas que você pode usar para promover seu consultório médico. Com a estratégia certa e as ferramentas corretas, você pode aumentar a visibilidade do seu consultório, atrair mais pacientes e melhorar a sua reputação online.

O SEO serve apenas para o Google?

O SEO é uma técnica utilizada para melhorar o posicionamento de um site nos resultados dos motores de busca, como o Google, Bing, Yahoo, entre outros. Embora o Google seja o motor de busca mais utilizado em todo o mundo, isso não significa que o SEO só sirva para ele.

Na verdade, as técnicas de SEO podem ser aplicadas em qualquer motor de busca que utilize algoritmos para classificar e indexar páginas da web. Por exemplo, o Bing, da Microsoft, também utiliza técnicas de SEO para classificar seus resultados de pesquisa.

Além disso, o SEO não se limita aos motores de busca. As práticas e técnicas de SEO também podem ser aplicadas em outros canais online, como as mídias sociais e os marketplaces, a fim de melhorar a visibilidade e relevância de uma marca na web. O objetivo do SEO é sempre melhorar a visibilidade e a acessibilidade do conteúdo online para o seu público-alvo, independentemente da plataforma utilizada.

O SEMrush é uma das ferramentas de SEO mais utilizadas do mundo, mas você sabe como ela surgiu?

Tudo começou em 2008, quando um grupo de especialistas em SEO e SEM se uniu para criar uma plataforma que pudesse oferecer insights sobre o desempenho de sites em mecanismos de busca. A equipe lançou o SEMrush, uma ferramenta de inteligência de marketing digital que permite analisar a concorrência, realizar análises de palavras-chave, monitorar rankings e muito mais.

Com o tempo, o SEMrush tornou-se uma ferramenta indispensável para os profissionais de marketing digital em todo o mundo, graças à sua ampla gama de recursos e funcionalidades avançadas. Com ela, é possível realizar análises aprofundadas sobre a performance de um site em diversos aspectos, como tráfego orgânico, backlinks, análise de concorrência e monitoramento de mídias sociais.

Uma das razões pelas quais o SEMrush se tornou tão popular é a sua capacidade de ajudar as empresas a otimizar suas campanhas de marketing digital de forma mais eficaz. Com a ferramenta, é possível identificar oportunidades de crescimento, avaliar a eficácia de estratégias e monitorar a performance de uma empresa em relação à concorrência.

Além disso, o SEMrush é uma ferramenta extremamente fácil de usar, mesmo para aqueles que não possuem conhecimento técnico avançado. A sua interface amigável e intuitiva permite que os usuários acessem as informações que necessitam rapidamente e realizem análises detalhadas sem a necessidade de habilidades especializadas.

Em resumo, o SEMrush é uma ferramenta indispensável para qualquer empresa que busca melhorar o seu desempenho online e otimizar suas campanhas de marketing digital. Com sua capacidade de fornecer insights detalhados, é possível tomar decisões estratégicas mais informadas e alcançar resultados melhores.

Um exemplo de artigo sobre como usar o SEMrush:

O SEMrush é uma das ferramentas de análise de SEO mais poderosas disponíveis no mercado, oferecendo uma variedade de recursos para ajudar os profissionais de marketing a avaliar e melhorar o desempenho dos seus sites nos mecanismos de busca.

Neste artigo, vamos explorar como utilizar o SEMrush para melhorar o SEO do seu site. Aqui estão algumas dicas e truques que você pode usar para tirar o máximo provcito desta ferramenta.

Utilize a ferramenta de análise de palavras-chave: Uma das principais características do SEMrush é a sua ferramenta de análise de palavras-chave. Com ela, você pode identificar quais palavras-chave o seu site já está classificando e descobrir novas palavras-chave que são relevantes para o seu negócio. Isso permitirá que você crie conteúdo direcionado às necessidades do seu público-alvo e melhore o desempenho do seu site nos mecanismos de busca.

Monitore seus concorrentes: O SEMrush também permite que você monitore seus concorrentes, avaliando o desempenho deles em termos de palavras-chave, tráfego e backlinks.

Isso pode fornecer insights valiosos sobre estratégias de SEO eficazes, permitindo que você melhore a sua própria abordagem para melhorar a posição do seu site nos resultados de pesquisa.

Tela e login do senrush - https://pt.semrush.com/

Analise seus backlinks: O número e a qualidade dos backlinks são um fator importante para o desempenho do seu site nos mecanismos de busca. Com o SEMrush, você pode monitorar seus backlinks e identificar oportunidades para obter novos links. A ferramenta também pode ajudá-lo a identificar links tóxicos que podem prejudicar o desempenho do seu site.

Monitore seu desempenho nos mecanismos de busca: O SEMrush permite que você monitore o posicionamento do seu site nos resultados de pesquisa para as suas palavras-chave selecionadas. Isso pode ajudá-lo a avaliar o desempenho do seu site e identificar oportunidades para melhorar a sua posição.

Utilize a ferramenta de auditoria de site: O SEMrush também pode analisar o seu site em busca de erros técnicos e oportunidades de melhoria. Isso inclui avaliar a velocidade de carregamento do seu site, identificar erros de código e identificar páginas com conteúdo duplicado. A ferramenta pode ajudá-lo a identificar e corrigir esses problemas para melhorar o desempenho do seu site nos mecanismos de busca.

Com estas dicas, você poderá aproveitar ao máximo o SEMrush para melhorar o desempenho do seu site nos mecanismos de busca. Lembre-se de que o SEO é um processo contínuo e que o SEMrush é apenas uma das ferramentas disponíveis para ajudá-lo a alcançar seus objetivos de SEO. Certifique-se de monitorar regularmente o desempenho do seu site e ajustar sua estratégia de acordo com as mudanças nos algoritmos de busca.

O SEO não é apenas importante para o seu site, mas também para as suas redes sociais. Imagine que você está postando uma foto no Instagram com o objetivo de promover seu consultório. Ao invés de colocar apenas "Consultório Médico" na legenda, tente ser mais específico com algo como "Dicas para cuidar da saúde mental no consultório médico do Dr. Paulo".

Isso pode aumentar suas chances de aparecer nos resultados de pesquisa quando alguém procurar por algo relacionado a essas palavras-chave. Lembre-se de sempre utilizar palavras-chave relevantes em seus posts e incluir tags apropriadas para aumentar sua visibilidade nas redes sociais e nos resultados de pesquisa.

Título: Cuide da sua saúde mental no consultório médico do Dr. Paulo!

Legenda: Sabia que cuidar da saúde mental é tão importante quanto cuidar da saúde física? No consultório médico do Dr. Paulo, você encontra profissionais capacitados e experientes para ajudá-lo a cuidar da sua saúde como um todo. Venha nos visitar e conhecer nossos serviços! #saúdemental #consultóriomédico #DrPaulo #cuidadosdesaúde #bemestar

Nesse post, usei as palavras-chave "saúde mental", "consultório médico", "Dr. Paulo", "cuidados de saúde" e "bem-estar" para ajudar a aumentar a visibilidade do post nas pesquisas relacionadas a esses tópicos. Também utilizei a hashtag #saúdemental para direcionar o post para um público mais específico interessado nesse tema. Com o uso adequado de palavras-chave e hashtags, é possível aumentar a visibilidade de suas publicações e atrair mais clientes em potencial para seu consultório médico.

No livro, agora iremos abordar 3 tipos diferentes de post para suas redes sociais que podem ajudar a aumentar o engajamento e atrair mais pacientes para o seu consultório médico.

O primeiro tipo de post é voltado para dicas de saúde, que são ideais para atrair a atenção do público interessado em cuidar de sua saúde e bem-estar. Por exemplo, você pode criar um post com dicas de saúde para mulheres, abordando temas como alimentação saudável, exercícios físicos, prevenção de doenças, entre outros.

O segundo tipo de post é voltado para consultas médicas, onde você pode divulgar seus serviços e informar os pacientes sobre os benefícios de se consultar com um médico especializado. Você pode criar posts com informações sobre as diferentes especialidades médicas, como ginecologia, cardiologia, pediatria, entre outras.

Por fim, o terceiro tipo de post é voltado para a divulgação de exames e procedimentos médicos. Você pode criar posts informando sobre os diferentes tipos de exames e procedimentos disponíveis em seu consultório médico, além de esclarecer dúvidas comuns dos pacientes e os benefícios de realizar esses procedimentos regularmente.

Lembre-se de sempre utilizar palavras-chave relevantes em seus posts e incluir tags apropriadas para aumentar sua visibilidade nas redes sociais e nos resultados de pesquisa. Com o uso adequado desses tipos de post e técnicas de SEO, você poderá aumentar sua presença online e atrair mais pacientes para seu consultório médico.

Abaixo, você encontrará exemplos de post para cada um dos tipos de conteúdo mencionados anteriormente, além de uma breve explicação da técnica de SEO utilizada e a finalidade de cada post.

Post de dicas de saúde para mulheres

Título: "10 dicas de alimentação saudável para mulheres"

Técnica de SEO: Utilização de palavras-chave relacionadas a alimentação saudável para mulheres, como "dieta equilibrada", "nutrição feminina" e "alimentos saudáveis".

Finalidade: Atrair o público feminino interessado em cuidar de sua saúde e bem-estar, oferecendo dicas práticas de alimentação saudável e nutrição.

Post sobre consultas médicas

Título: "Por que se consultar com um cardiologista regularmente?"

Técnica de SEO: Utilização de palavras-chave relacionadas à especialidade de cardiologia, como "doenças cardíacas", "prevenção de infartos" e "saúde do coração".

Finalidade: Informar o público sobre a importância de se consultar com um cardiologista e os benefícios de cuidar da saúde do coração.

Post sobre exames médicos

Título: "Tipos de exames ginecológicos: entenda a importância de cada um"

Técnica de SEO: Utilização de palavras-chave relacionadas à especialidade de ginecologia, como "exames ginecológicos", "saúde feminina" e "prevenção de doenças".

Finalidade: Informar o público sobre a importância dos exames ginecológicos e oferecer informações relevantes sobre cada tipo de exame.

Em cada um desses posts, foi utilizada a técnica de SEO de inserção de palavras-chave relevantes e tags apropriadas para aumentar a visibilidade do post nas redes sociais e nos resultados de pesquisa. A finalidade é atrair o público interessado em cada tipo de conteúdo, oferecendo informações relevantes e de qualidade que possam ajudar a aumentar a credibilidade e autoridade do médico em sua área de atuação.

Além da técnica de inserção de palavras-chave relevantes e tags apropriadas, existem outras técnicas de SEO que podem ser utilizadas para otimizar a visibilidade do conteúdo nas redes sociais e nos mecanismos de busca. Algumas das técnicas mais comuns incluem:

- **Otimização de títulos e descrições:** A escolha de títulos e descrições claros e objetivos, que contenham palavras-chave relevantes para o conteúdo, pode ajudar a aumentar a visibilidade do post nos resultados de pesquisa.

- **Link building:** A construção de links externos que apontem para o conteúdo pode aumentar a autoridade e relevância da página nos mecanismos de busca.

- **Otimização de imagens:** A utilização de imagens relevantes e de qualidade, com títulos e descrições otimizados, pode ajudar a aumentar a visibilidade do post nos resultados de pesquisa e nas redes sociais.

- **Criação de conteúdo de qualidade:** A criação de conteúdo relevante, útil e de qualidade para o público-alvo pode aumentar a autoridade e credibilidade do site nos mecanismos de busca e nas redes sociais.

- **Uso de redes sociais:** A utilização das redes sociais para promover o conteúdo e interagir com o público pode aumentar a visibilidade e o engajamento com o post.

É importante ressaltar que a aplicação das técnicas de SEO deve ser feita de forma estratégica e em conformidade com as diretrizes dos mecanismos de busca, evitando práticas consideradas inadequadas ou spam.

Nota do autor:

Caro médico,

Primeiramente, quero parabenizá-lo por ter chegado até aqui no livro. Fico muito feliz em saber que você está se dedicando a aprender mais sobre marketing digital para consultórios médicos e tenho certeza que isso será muito benéfico para sua clínica.

Gostaria de reforçar que o objetivo deste livro não é transformá-lo em um especialista em marketing, mas sim fornecer as ferramentas e os conceitos para que você possa aplicar o marketing digital de forma eficaz em sua clínica. Por isso, é importante que você foque nos exercícios práticos dos modelos que estamos apresentando.

Não se preocupe se ainda não se sente completamente seguro com os termos e métricas de marketing digital. Com o tempo e a prática, você irá se sentir mais confortável e confiante ao aplicar esses conceitos na sua clínica.

No final do livro, você encontrará um plano completo de marketing para clínicas, com cronogramas, artes, e-mails e modelos de sites para que você possa editar e adaptar facilmente. Nosso objetivo é tornar o marketing funcional e acessível a todos os médicos, sem enrolação e métricas inventadas.

Por isso, continue lendo com atenção e dedicação, e tenho certeza de que você obterá resultados significativos na sua clínica. Obrigado por embarcar nessa jornada conosco!

Danilo Carlos da Silva Ceccon

Capitulo 8: Como utilizar o Google AdWords para promover seu consultório médico

Olá, médico! Você sabia que o Google AdWords, agora chamado de Google Ads, foi criado em 2000 por um grupo de engenheiros do Google? Na época, eles estavam procurando uma forma de ajudar empresas a anunciar na internet de maneira mais eficiente. O objetivo era criar uma plataforma que permitisse que as empresas alcançassem o público-alvo certo no momento certo e de forma mais fácil. Eles conseguiram! Hoje em dia, o Google Ads é uma das ferramentas mais poderosas do marketing digital, permitindo que os anunciantes alcancem milhões de pessoas em todo o mundo.

O Google AdWords é uma das ferramentas mais poderosas de publicidade online, permitindo que você alcance um grande público e aumente a visibilidade do seu consultório médico. Com o AdWords, você pode criar anúncios altamente segmentados que são exibidos para usuários que estão procurando serviços de saúde na sua região. Neste capítulo, vamos explorar como você pode utilizar o Google AdWords para promover o seu consultório médico e alcançar mais pacientes em potencial.

Antes de começar, é importante lembrar que o Google AdWords é uma ferramenta paga.

Isso significa que você precisa definir um orçamento para os seus anúncios e pagar por cada clique que seu anúncio receber. No entanto, com uma estratégia bem planejada e segmentação adequada, o retorno sobre o investimento pode ser significativo.

O primeiro passo para utilizar o Google AdWords é criar uma conta no Google Ads. Depois de criar a conta, você precisará criar uma campanha e definir seu orçamento diário. A partir daí, você poderá definir o público-alvo para o seu anúncio, incluindo a localização geográfica, idade, sexo e interesses.

Em seguida, você precisará criar os anúncios em si. É importante que os seus anúncios sejam relevantes e atrativos, chamando a atenção dos usuários que estão procurando serviços médicos na sua região. Utilize palavras-chave relevantes em seus anúncios para ajudar a segmentar o público certo.

Uma das principais vantagens do Google AdWords é a capacidade de rastrear o desempenho de seus anúncios e ajustá-los em tempo real. Utilize as ferramentas de análise do Google Ads para monitorar a taxa de cliques, o custo por clique e a taxa de conversão para determinar quais anúncios estão funcionando melhor e ajustar a sua estratégia de acordo.

Lembre-se de que o sucesso do Google AdWords não é apenas sobre o orçamento, mas também sobre a qualidade dos seus anúncios e a segmentação do público. Certifique-se de que seus anúncios sejam altamente relevantes e atrativos para o seu público-alvo e utilize as ferramentas de análise para refinar sua estratégia ao longo do tempo.

Com o Google AdWords, é possível promover seu consultório médico para uma audiência segmentada e aumentar a visibilidade do seu negócio na sua região. Se você está procurando uma maneira eficaz de promover o seu consultório médico, o Google AdWords pode ser uma excelente opção.

Caro leitor, agora que você já sabe o que é o Google AdWords e como ele pode ajudar a promover o seu consultório médico, está na hora de criar a sua primeira campanha! Mas antes, para que você tenha uma campanha efetiva e direcionada, é importante responder a algumas perguntas:

1. Quem é o seu público-alvo?
2. O que você gostaria de promover? (Serviços específicos, exames, consultas, etc.)
3. Qual é o objetivo da campanha? (Aumentar o número de agendamentos, gerar mais leads, aumentar a presença online do seu consultório, etc.)
4. Qual é o orçamento disponível para a campanha?

Com as respostas a essas perguntas, você terá um norte para criar uma campanha direcionada e efetiva para o seu consultório médico. No Google AdWords, existem vários tipos de campanhas, entre eles:

Rede de Pesquisa: é a campanha mais comum e consiste em exibir anúncios em destaque nos resultados de pesquisa do Google. É uma boa opção para quem deseja anunciar serviços ou produtos específicos do seu consultório.

Rede de Display: nessa campanha, seus anúncios aparecerão em sites e aplicativos de terceiros que estejam associados à rede de display do Google.

Anúncios em Vídeo: uma forma efetiva de promover o seu consultório é através de anúncios em vídeo, que podem ser exibidos no YouTube e na rede de display do Google.

Campanhas de Remarketing: essa campanha tem como objetivo alcançar pessoas que já visitaram o seu site anteriormente, exibindo anúncios personalizados e específicos para esses visitantes.

Lembre-se de que cada tipo de campanha tem uma estratégia e um público-alvo específicos, por isso é importante escolher a opção que mais se adéqua às suas necessidades.

Agora que você já sabe um pouco mais sobre as opções de campanhas no Google AdWords, está na hora de criar a sua primeira campanha! Lembre-se de seguir as melhores práticas de criação de anúncios, escolher as palavras-chave corretas e definir um orçamento que esteja de acordo com as suas possibilidades. Com uma campanha bem estruturada e direcionada, você poderá alcançar novos pacientes e aumentar a visibilidade do seu consultório médico na internet.

O Google AdWords é uma ferramenta de publicidade do Google que ajuda as empresas a anunciarem seus produtos ou serviços na internet. É como se fosse um anúncio na televisão ou no rádio, mas que aparece na internet. Quando você pesquisa algo no Google, você pode ver anúncios no topo ou no rodapé da página. Esses anúncios são feitos através do Google AdWords. Os anunciantes pagam ao Google para que seus anúncios apareçam nas pesquisas relacionadas aos seus produtos ou serviços. Então, quando alguém clica no anúncio, a empresa paga um valor ao Google. É uma forma de divulgar o seu negócio para as pessoas que estão procurando por ele na internet.

Nota do autor

" *Olá médico, como autor deste livro, gostaria de compartilhar minha experiência de 18 anos em marketing e mais de 30 anos lidando com tecnologia desde o primeiro computador. O maior erro que vi outras pessoas e eu mesmo cometi foi a falta de planejamento. Quando se trata do Google AdWords, **há três pontos importantes em que você precisa focar.** Primeiro, a região em que deseja exibir o anúncio, pois o orçamento necessário para o bairro pode ser diferente do orçamento necessário para a cidade ou estado. Segundo, o valor que você precisa investir, para que possa determinar a quantidade de alcance que deseja ter com seu anúncio. E terceiro, para quem você deseja exibir o anúncio, definindo bem o público-alvo. **Se*** *__err1__ errar nesses pontos, só irá desperdiçar dinheiro.** Por isso, tenha cautela e planeje bem a sua estratégia de anúncios no Google AdWords.*

Com certeza, caro médico! Este livro é baseado em anos de experiência e estudos, e as práticas de marketing digital aqui ensinadas são fundamentais para qualquer estratégia bem-sucedida. A partir dos primeiros capítulos, já estamos focando no planejamento e na definição de objetivos e público-alvo. Se você seguir os passos descritos sem pular etapas, tenho certeza de que você será capaz de criar uma campanha de sucesso no Google AdWords. Lembre-se de que a chave para o sucesso é um planejamento cuidadoso e a escolha de palavras-chave relevantes para atingir o público certo. "

Danilo Carlos da Silva Ceccon

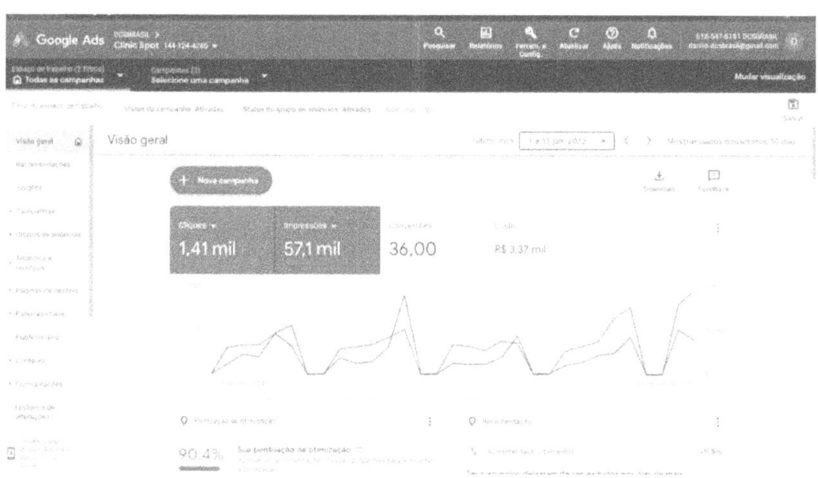

Tela do Google Adwords em 2023 - https://ads.google.com/ -

Visão Geral

Vamos dar uma olhada na tela de visão geral do Google AdWords. Aqui você pode ver as informações sobre o desempenho de sua campanha de publicidade nos últimos 30 dias. Algumas métricas importantes incluem cliques, impressões, conversões e custo.

Cliques se referem ao número de vezes que um usuário clicou em seu anúncio. Impressões se referem ao número de vezes que seu anúncio foi exibido. Conversões são ações importantes que os usuários realizam em seu site, como agendar uma consulta ou baixar um material gratuito. O custo é o valor que você gastou com sua campanha de publicidade.

Lembre-se de que é importante analisar seus dados por um período de tempo mais longo para obter uma visão mais precisa de sua campanha. Enquanto 7 dias pode ser um período curto, visões de 30, 60 ou até 90 dias são mais indicativas de como sua campanha está se desenvolvendo.

Uma métrica importante para otimizar é a taxa de otimização, que se refere à porcentagem de vezes em que seu anúncio foi exibido para os usuários certos. É importante manter a taxa de otimização dentro de 75%, pois isso pode afetar o custo da sua campanha.

Em resumo, a tela de visão geral do Google AdWords é uma ferramenta valiosa para acompanhar o desempenho de sua campanha de publicidade. Analisar seus dados por um período de tempo mais longo e otimizar sua taxa de otimização são importantes para ter sucesso em sua campanha de publicidade.

Continuaremos a explorar mais sobre o Google AdWords e outras ferramentas de marketing digital para ajudá-lo a atrair mais pacientes para o seu consultório. Boa leitura!

Vamos por em prática:

Aqui está um passo a passo para criar uma campanha de sucesso para um consultório de cardiologia no Google AdWords:

1. **Defina seu objetivo:** Antes de criar sua campanha, é importante definir seus objetivos. Alguns exemplos incluem aumentar o tráfego do site, aumentar as

reservas de consultas, aumentar a fidelidade dos pacientes, entre outros.

2. **Escolha sua palavra-chave:** Escolha as palavras-chave relevantes para o seu consultório de cardiologia, como "cardiologista em [cidade]", "tratamento de problemas cardíacos", "consulta de cardiologia", entre outras.

3. **Crie seu anúncio:** Crie seu anúncio usando suas palavras-chave e inclua uma chamada para ação, como "Agende sua consulta hoje!" ou "Conheça nosso tratamento de problemas cardíacos".

4. **Escolha seu público-alvo:** Defina o público-alvo que deseja atingir com sua campanha, considerando fatores como idade, localização e interesses.

5. **Configure sua campanha:** Configure sua campanha, incluindo orçamento, horários de exibição de anúncios e dispositivos.

6. **Acompanhe seu desempenho:** Verifique seu desempenho regularmente, ajustando sua campanha de acordo com os resultados.

7. **Otimize sua campanha:** Otimize sua campanha de acordo com seus objetivos e resultados, testando novas palavras-chave, anúncios e públicos-alvo.

Lembre-se de que o Google AdWords é uma ferramenta poderosa, mas requer monitoramento e otimização constantes para obter o melhor desempenho. Siga estes passos e você estará no caminho certo para criar uma campanha de sucesso para o seu consultório de cardiologia.

Aqui está uma tabela com 5 exemplos de anúncios para um consultório de cardiologia com título, descrição, palavras-chave e orçamento semanal sugerido:

Título	Descrição	Palavras-chave	Orçamento semanal (R$)
Consulta de cardiologia	Agende sua consulta de cardiologia com um especialista em problemas cardíacos.	"consulta de cardiologia", "tratamento de problemas cardíacos", "especialista em cardiologia"	R$ 200
Problemas cardíacos	Conheça nossos tratamentos eficazes para problemas cardíacos.	"tratamento de problemas cardíacos", "cardiologista", "saúde cardíaca"	R$ 200
Cardiologista em [cidade]	Encontre o cardiologista certo para o seu tratamento em [cidade].	"cardiologista em [cidade]", "consulta de cardiologia em [cidade]", "tratamento de problemas cardíacos em [cidade]"	R$ 200
Saúde cardíaca	Mantenha sua saúde cardíaca em dia com nossos tratamentos e consultas.	"saúde cardíaca", "prevenção de problemas cardíacos", "consulta de cardiologia"	R$ 200
Pacote de cuidados cardíacos	Conheça nosso pacote completo de cuidados cardíacos, incluindo consultas e exames.	"pacote de cuidados cardíacos", "exame cardiológico", "consulta de cardiologia"	R$ 200

Observe que o orçamento semanal sugerido é de R$200 para uma campanha regional com um raio de 25 km. É importante lembrar que o orçamento real pode variar dependendo da concorrência e do desempenho da sua campanha.

Além disso, é importante monitorar e otimizar sua campanha regularmente para obter o melhor desempenho possível.

O Dr. Bairro Silva

Dr. Bairro Silva era um médico renomado na sua pequena cidade. Ele tinha um consultório no bairro dele e estava acostumado a atender pacientes da sua região. Ele sempre tinha combustível suficiente para chegar ao trabalho e voltar para casa, pois estava acostumado a fazer esses trajetos todos os dias.

Um dia, ele decidiu visitar a capital do seu estado para participar de uma conferência médica. Ele estava animado para aprender novas técnicas e conhecer outros médicos. No entanto, ele não esperava os desafios que enfrentaria na sua viagem.

Quando ele estava a caminho da capital, ele percebeu que precisaria abastecer seu carro. Ele estava acostumado a fazer isso somente no bairro dele, onde sempre havia um posto de combustível próximo. No entanto, na estrada, ele enfrentou dificuldades para encontrar um posto de combustível. Além disso, ele descobriu que o preço do combustível era muito mais alto do que o que ele estava acostumado a pagar.

Isso é uma analogia para uma campanha de marketing digital. Quanto maior o território que sua campanha cobre, maior será o investimento necessário. É por isso que o planejamento é tão importante. Você precisa mensurar seus gastos de campanha para garantir que está obtendo o melhor desempenho possível. Assim como o Dr. Bairro Silva precisou planejar sua viagem e gerenciar seus gastos de combustível, você também precisa planejar sua campanha de marketing digital e gerenciar seus gastos de publicidade.

Capitulo 9: Como criar uma landing page efetiva

Introdução

Criar uma landing page efetiva é um desafio que exige conhecimento, técnica e criatividade. Uma página de destino eficaz pode aumentar as conversões, melhorar o ROI (retorno sobre o investimento) e contribuir significativamente para o sucesso de uma campanha de marketing. Por isso, neste capítulo, vamos apresentar um passo a passo para criar uma landing page efetiva. Aprenderemos como otimizar o design, a copy, a usabilidade e a estratégia de conversão para que a página alcance seus objetivos. Se você quer construir uma página de destino que funcione, continue lendo e siga nossas orientações.

Definindo o objetivo da landing page

O primeiro passo para criar uma landing page efetiva é definir o objetivo da página. O que você quer que o usuário faça? Comprar um produto? Preencher um formulário? Baixar um ebook? Assinar uma newsletter?

Quando você tem um objetivo claro, pode direcionar o design e a copy da página para alcançá-lo. Lembre-se de que a página deve ser focada em um único objetivo. Se você tentar persuadir o usuário a fazer várias coisas diferentes, pode acabar não convencendo-o a fazer nada.

Para ilustrar, imagine que você está preparando uma festa de aniversário para um amigo. Se você enviar convites que pedem que os convidados tragam um prato de comida, uma bebida e um presente, é provável que muitos se confundam e acabem não trazendo nada. Por outro lado, se você enviar um convite que pede apenas que cada convidado traga um item, é mais provável que todos cumpram o pedido. Na landing page é a mesma coisa, seja claro sobre o objetivo da página e mantenha o foco.

Otimizando o design da landing page

O design de uma landing page efetiva deve ser atraente, funcional e persuasivo. Para otimizar o design, é importante seguir algumas boas práticas, como:

- **Utilizar uma hierarquia visual clara:** organize o conteúdo da página de forma a destacar o que é mais importante. Utilize elementos visuais como títulos, subtítulos, imagens e cores para guiar o usuário pelo conteúdo.

- **Utilizar imagens relevantes e de alta qualidade:** as imagens devem estar relacionadas ao produto ou serviço oferecido na página e ser de alta qualidade. Imagens de baixa qualidade podem prejudicar a credibilidade da página.

- **Utilizar um layout limpo e organizado:** evite poluir a página com muitos elementos desnecessários.

Mantenha o layout limpo e organizado para facilitar a leitura e a compreensão do conteúdo.

- **Utilizar cores que chamem a atenção:** escolha cores que destaquem os elementos mais importantes da página, como o botão de call to action (chamada para ação). Cores como verde e laranja costumam ter uma boa taxa de conversão.

- **Utilizar um botão de call to action (CTA) bem visível:** o botão de CTA é o elemento mais importante da página. Deve ser bem visível e convidativo, com uma copy persuasiva que incentive o usuário a clicar.

A criação de uma landing page é um processo importante para os consultórios médicos que desejam expandir sua base de pacientes e, assim, aumentar a sua receita. No entanto, a criação de uma landing page efetiva não é uma tarefa simples e requer atenção a muitos detalhes.

O objetivo deste capítulo é apresentar um passo a passo para a criação de uma landing page efetiva para consultórios médicos. Este guia contém dicas valiosas que ajudarão os profissionais de saúde a melhorar sua presença online, atraindo novos pacientes e aumentando a eficácia de suas campanhas de marketing digital.

Definindo o público-alvo

O primeiro passo para criar uma landing page efetiva é definir o público-alvo. É importante entender as necessidades, desejos e comportamentos do seu público para que possa criar uma página que os atraia e os motive a tomar uma ação.

Para isso, é importante realizar uma pesquisa de mercado para identificar as necessidades e desejos do seu público-alvo. Você também pode usar as informações disponíveis em sua própria base de pacientes para criar uma persona que represente o seu público-alvo.

Escolhendo um objetivo claro

O próximo passo é escolher um objetivo claro para a sua landing page. Você precisa decidir qual ação você quer que os visitantes da sua página tomem. É importante que o seu objetivo seja claro e específico, para que os visitantes da sua página saibam exatamente o que você espera deles.

Alguns exemplos de objetivos comuns para uma landing page de consultório médico incluem: marcar uma consulta, assinar a newsletter, baixar um e-book ou participar de uma promoção.

Criando um design atrativo

Um design atraente é fundamental para uma landing page efetiva. O design da sua página deve ser limpo, organizado e atraente. Use cores que combinem com o tema do seu consultório médico e imagens relevantes que chamem a atenção do seu público-alvo.

Além disso, é importante que a sua página seja responsiva, ou seja, que ela possa ser facilmente visualizada em diferentes dispositivos, como desktops, tablets e smartphones.

Escrevendo um conteúdo persuasivo

O conteúdo da sua página deve ser persuasivo e convincente o suficiente para motivar os visitantes a tomar uma ação. Use uma linguagem simples e direta, e destaque os benefícios que o seu consultório médico pode oferecer.

Inclua depoimentos de pacientes satisfeitos para aumentar a credibilidade da sua página. Também é importante incluir informações importantes, como horário de atendimento, especialidades oferecidas e informações de contato.

Adicionando um formulário de conversão

Um formulário de conversão é essencial para transformar os visitantes da sua página em pacientes reais. O formulário deve ser simples e fácil de preencher, pedindo apenas as informações necessárias para que você possa entrar em contato com o visitante.

Não peça informações desnecessárias, como data de nascimento ou número de CPF, pois isso pode desestimular os visitantes a preencherem o formulário. Lembre-se de incluir um botão claro e chamativo para o desempenho da sua landing page. Analise métricas como a taxa de rejeição, o tempo médio de visita e a taxa de conversão. Com base nessas informações, faça ajustes em elementos como o título, o conteúdo e o formulário de conversão para melhorar o desempenho da sua página.

Conclusão

Criar uma landing page efetiva para consultórios médicos é um processo importante para atrair novos pacientes e aumentar a receita do consultório. Para criar uma landing page efetiva, é importante definir o público-alvo, escolher um objetivo claro, criar um design atrativo, escrever um conteúdo persuasivo, adicionar um formulário de conversão e testar e otimizar continuamente a página.

Lembre-se de que a criação de uma landing page efetiva é um processo contínuo e que requer atenção constante. Monitore o desempenho da sua página e faça ajustes sempre que necessário para maximizar a sua eficácia. Com uma landing page efetiva, o seu consultório médico pode atrair novos pacientes e aumentar a sua base de clientes.

Nota do autor:

Caro médico leitor,

"Gostaria de compartilhar uma ótima notícia com você! Temos uma página de alta conversão pronta para ser editada e personalizada para o seu consultório médico. Todos os itens que discutimos neste capítulo foram testados e comprovados em outras landing pages de sucesso, e agora estamos disponibilizando essa página para você.

A página está pronta para ser editada com as informações do seu consultório médico e do seu público-alvo. Ela inclui um design atraente, conteúdo persuasivo, formulário de conversão e outros elementos que comprovadamente aumentam a taxa de conversão.

Além disso, criamos um vídeo passo a passo que ensina como editar e personalizar a página de acordo com as necessidades do seu consultório médico. Com esse vídeo, você terá uma orientação clara e objetiva sobre como ajustar os elementos da página para que ela atenda às suas necessidades específicas.

Aproveite essa oportunidade para melhorar a sua presença online e atrair novos pacientes para o seu consultório médico. Com uma página de alta conversão, você poderá aumentar a sua base de pacientes e, consequentemente, a sua receita.

Estamos ansiosos para ver o sucesso da sua landing page! Se você tiver alguma dúvida ou precisar de ajuda, não hesite em nos contatar."

Danilo Carlos da Silva Ceccon

04 modelos para você escolher e editar como quiser

Há alguns anos, quando a internet ainda engatinhava, os sites eram mais simples e pouco interativos. As empresas tinham apenas a intenção de divulgar suas marcas e produtos, sem se preocupar com a experiência do usuário ou com a conversão em vendas.

Com o tempo, o marketing digital evoluiu e a necessidade de atrair e converter clientes se tornou mais evidente. Foi então que surgiu a landing page, uma página específica com um único objetivo: converter visitantes em leads e, posteriormente, em clientes.

A landing page é uma página de destino, criada para que o usuário realize uma ação específica, como baixar um e-book, fazer um cadastro, solicitar um orçamento ou comprar um produto. A ideia é apresentar uma oferta irresistível e convencer o visitante a tomar uma decisão.

Para isso, a landing page precisa ser estruturada de forma estratégica, com um título impactante, uma descrição clara da oferta, uma imagem atraente, depoimentos de clientes satisfeitos e um formulário para capturar os dados do visitante.

Com os 4 modelos de landing page de alta conversão que disponibilizamos para você, o médico poderá escolher o que melhor se adequa às suas necessidades e editá-lo da forma que quiser, sem precisar entender de programação ou design.

Os modelos foram criados seguindo as melhores práticas de design e copywriting, ou seja, de escrita persuasiva, para garantir a máxima conversão de visitantes em leads. Basta editar as informações com as suas próprias ofertas e personalizar as imagens para ter uma landing page profissional e de alta performance.

Agora que você já conhece a importância da landing page e tem acesso aos modelos de alta conversão, aproveite para colocar em prática essa estratégia e aumentar a sua base de clientes. Lembre-se sempre de que o sucesso da sua landing page depende de um bom planejamento e de testes constantes, para verificar o que funciona melhor com o seu público-alvo. Boa sorte!

Com o uso de QR codes, você pode acessar facilmente um site ou conteúdo específico sem ter que digitar o URL inteiro. Tudo o que você precisa fazer é usar a câmera do seu celular para digitalizar o QR code, e ele o levará diretamente para a área de bônus ou URL mencionado. Isso economiza tempo e esforço, e torna mais fácil para você acessar conteúdo ou promoções exclusivas. É uma forma eficiente de se conectar com o seu público e oferecer mais valor aos seus clientes. Experimente utilizar QR codes em suas campanhas de marketing médico e veja como pode fazer a diferença!

Você encontra esses modelos em
https://www.danilocarlos.com.br/bonus-do-livro

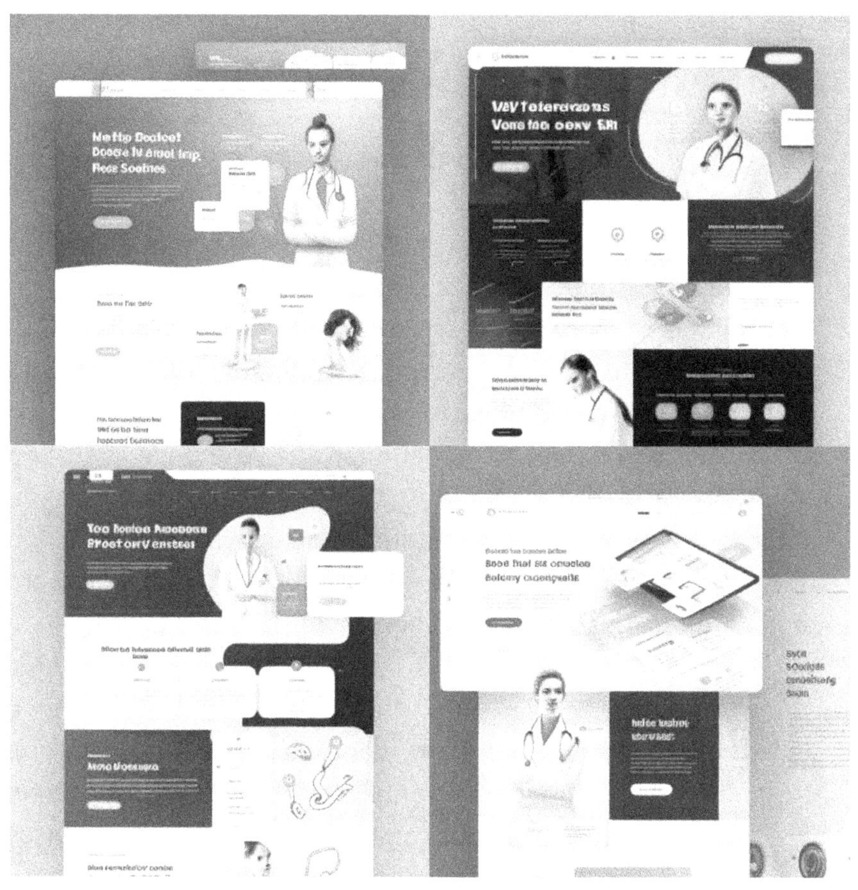

Layout de Landing page criado por inteligência artificial Midjourney.

Olá caro leitor!

No decorrer deste livro, abordamos vários tópicos relacionados ao marketing digital na área da saúde, e um dos mais importantes é a utilização de landing pages para captar pacientes e aumentar a conversão de consultas e procedimentos. Para ajudar a colocar esse conceito em prática, preparamos um escopo breve para uma landing page de dermatologista, que pode servir como ponto de partida para o seu consultório. É importante lembrar que você deve adaptar o conteúdo de acordo com a sua especialidade e região de atuação. A seguir, apresentamos algumas sugestões de conteúdos que podem ser inseridos em uma landing page para uma dermatologista do centro de São Bernardo do Campo:

- **Menu:** comece com um menu de fácil navegação, que leve o paciente diretamente para as informações que ele procura. Inclua opções como "Sobre a médica", "Serviços oferecidos", "Agendamento de consultas", "Contato".

- **Slide principal:** no topo da página, insira um banner que chame a atenção do paciente para o que você tem a oferecer. Use imagens de qualidade e uma mensagem clara e objetiva, que mostre os benefícios de escolher o seu consultório.

- **Formulário de captura:** uma das funções mais importantes de uma landing page é a captura de informações de contato do paciente, para que você possa fazer um acompanhamento posterior. Inclua um formulário de fácil preenchimento, com campos para nome, e-mail, telefone e mensagem.

- **Textos de serviço:** nesta seção, apresente os serviços que você oferece como dermatologista. Descreva cada um deles de forma clara e objetiva, ressaltando os benefícios para o paciente. Inclua informações sobre as técnicas e equipamentos utilizados.

- **Sobre o consultório**: aqui, fale sobre o seu consultório de forma mais ampla. Explique a sua filosofia de atendimento, fale sobre a sua formação e experiência, e apresente as instalações do consultório.

- **Perfil da médica:** crie um perfil completo da médica, com foto, informações de formação, experiência e especializações. Isso ajuda a criar uma conexão com o paciente e a transmitir credibilidade.

- **CRM:** para aumentar a confiança do paciente, inclua um código CRM válido, informando o número do registro da médica no Conselho Regional de Medicina.

Por fim, não esqueça de criar um banner de call to action, com um botão que leve o paciente diretamente para a página de agendamento de consultas. Utilize palavras-chave relevantes, como "Dermatologista em São Bernardo do Campo" e "Centro de estética", para aumentar a relevância da sua página nos resultados de pesquisa. Lembre-se de que a landing page deve ser visualmente atraente, de fácil navegação e com informações claras e objetivas. Ajuste o conteúdo de acordo com a sua especialidade e região, e boas conversões!

Explicação do autor:

Uma conversão, no contexto do marketing digital, é quando um visitante do seu site ou página realiza uma ação desejada, como preencher um formulário, fazer uma compra ou assinar uma newsletter. A conversão é o objetivo final da sua estratégia de marketing, pois é a partir dela que você obtém resultados, como novos clientes, leads qualificados ou engajamento com sua marca. Em resumo, uma conversão é quando o visitante toma uma ação que você deseja, gerando valor para seu negócio.

Landing Page de Dermatologista em São Bernardo do Campo - Centro

Menu:

Home

Sobre a Médica

Serviços

Agendamento

Contato

Slide principal:

Imagem da médica sorrindo, com uma mensagem de boas-vindas e um botão de call to action para agendamento.

Formulário de captura:

Título: Agende sua consulta agora!

Campos: Nome completo, telefone, e-mail, mensagem

Textos de serviço:

Tratamentos faciais e corporais personalizados

Procedimentos estéticos minimamente invasivos

Avaliação de lesões de pele e diagnóstico preciso

Tratamento de doenças dermatológicas

Sobre a Médica:

Texto sobre a formação e experiência da médica, destacando sua especialização em dermatologia.

Foto da médica sorrindo.

Perfil da Médica:

Nome completo: Dra. Maria Silva

Especialização: Dermatologista

Formação: Graduação em Medicina pela Universidade de São Paulo e Residência Médica em Dermatologia pelo Hospital das Clínicas de São Paulo.

Experiência: 10 anos de prática clínica e acadêmica em dermatologia.

CRM: 123456/SP

Banner de call to action:

Título: Agende já sua consulta!

Texto: Não perca mais tempo, cuide da sua pele com a melhor dermatologista de São Bernardo do Campo.

Botão: Agendar

Palavras-chave: Dermatologista, São Bernardo do Campo, centro, tratamentos estéticos, lesões de pele, diagnóstico.

Chamadas de impacto:

Cuide da sua pele com a melhor dermatologista de São Bernardo do Campo

Agende agora e tenha uma pele mais saudável e bonita

Tratamentos personalizados e resultados garantidos com a Dra. Maria Silva.

Explicação do autor:

Um botão de call to action é um elemento de um site ou landing page que convida o visitante a realizar uma ação específica, como fazer uma ligação, agendar uma consulta, preencher um formulário, etc. É como se fosse um convite para o visitante interagir com o seu site ou página. Esses botões são normalmente destacados visualmente e contém textos curtos e diretos, como "Agende sua consulta agora" ou "Ligue para nós". Em resumo, um botão de call to action é uma ferramenta para direcionar o visitante para a ação que você deseja que ele faça em seu site ou landing page.

Capitulo 10: Como rastrear e avaliar seu desempenho de marketing digital

Parabéns, caro leitor, por ter chegado até o capítulo 10 deste livro! Isso demonstra a sua disposição em aprender e a sua dedicação em se tornar um médico mais completo e preparado para lidar com as demandas do mundo atual.

Até agora, você já viu muitos conceitos importantes de marketing digital, como SEO, Google AdWords, redes sociais e landing pages. Além disso, já falamos sobre a importância do planejamento e da análise de métricas para garantir o sucesso de uma campanha.

Faltam apenas mais 5 capítulos para você se tornar um médico com conhecimento em marketing suficiente para entender e apoiar o seu time de publicidade, ou até mesmo para criar e gerenciar as suas próprias campanhas.

Então, continue firme nos seus estudos e mantenha o foco em absorver todo o conhecimento que este livro pode lhe oferecer. Tenha em mente que cada conceito e técnica aqui apresentados serão extremamente úteis no seu dia a dia profissional.

Parabéns novamente pela sua dedicação e esforço até aqui!

O marketing digital é uma ferramenta poderosa para clínicas médicas, mas apenas se usado de forma estratégica e eficiente. E para fazer isso, é preciso avaliar o desempenho das campanhas e identificar o que está funcionando e o que precisa ser ajustado.

Neste capítulo, vamos explorar como rastrear e avaliar o desempenho de sua campanha de marketing digital e como utilizar essas informações para melhorar suas estratégias futuras.

Avaliando seus dados

Existem diversas ferramentas de análise de dados disponíveis para ajudá-lo a rastrear e avaliar o desempenho de sua campanha de marketing digital. Algumas das mais comuns são o Google Analytics e o Google Search Console, que fornecem dados sobre o tráfego do seu site, palavras-chave mais buscadas, tempo de permanência na página e muito mais.

No marketing médico digital, a sua reputação é tudo. Cuide dela com conteúdo relevante, honestidade e transparência para construir uma imagem forte e duradoura.

- Danilo Carlos Silva Ceccon

Outra forma de avaliar o desempenho é através do monitoramento das redes sociais. A maioria das plataformas sociais, como Facebook, Instagram e Twitter, oferecem ferramentas de análise que mostram o envolvimento do público, número de seguidores, alcance e outras métricas importantes.

Definindo KPIs

KPIs, ou indicadores-chave de desempenho, são as métricas que você escolhe para avaliar o sucesso de sua campanha de marketing digital. Esses indicadores devem ser específicos, mensuráveis e relevantes para os objetivos de negócio da sua clínica médica.

Alguns exemplos de KPIs para campanhas de marketing digital incluem:

- **Taxa de conversão:** quantas pessoas que visitam o seu site agendam uma consulta?
- **Custo por conversão:** quanto você gasta para converter um visitante do site em um paciente?
- **Retorno sobre investimento (ROI):** qual é o retorno financeiro que você está obtendo em relação ao investimento em sua campanha de marketing digital?

Com os **dados coletados e os KPIs definidos**, é hora de usar essas informações para melhorar sua campanha de marketing digital. Aqui estão algumas dicas:

- **Identifique as páginas com melhor desempenho:** utilize o Google Analytics para identificar quais páginas do seu site têm melhor desempenho e dedique mais esforços para otimizá-las.
- **Ajuste as palavras-chave:** se uma palavra-chave não estiver gerando tráfego para o seu site, tente usar uma palavra-chave diferente ou ajustar o conteúdo para torná-la mais relevante.
- **Teste diferentes tipos de conteúdo:** utilize o A/B testing para testar diferentes tipos de conteúdo e determine o que funciona melhor para o seu público.
- **Refine suas metas de KPI:** se você não estiver atingindo suas metas de KPI, ajuste-as para que sejam mais realistas.

Conclusão

No entanto, é importante que o médico entenda que não é apenas o número de cliques e curtidas que importa. É preciso avaliar o impacto do marketing digital no negócio, ou seja, se as campanhas estão gerando um retorno efetivo em termos de novos pacientes, marcação de consultas e fidelização dos clientes.

Para isso, é necessário estabelecer indicadores de desempenho (KPIs) e acompanhar regularmente esses indicadores. Alguns exemplos de KPIs que podem ser utilizados são: número de consultas marcadas, aumento da base de pacientes, aumento do ticket médio, entre outros.

Por fim, é importante lembrar que a análise de métricas é uma etapa essencial para a melhoria contínua das campanhas de marketing digital. É por meio da análise de dados que o médico pode identificar pontos fortes e oportunidades de melhoria, ajustando sua estratégia para obter melhores resultados.

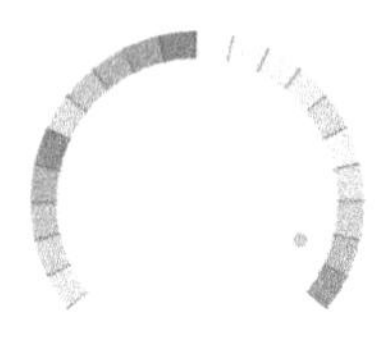

Tela   inicial   do   Search   console   em   2023-
https://search.google.com/

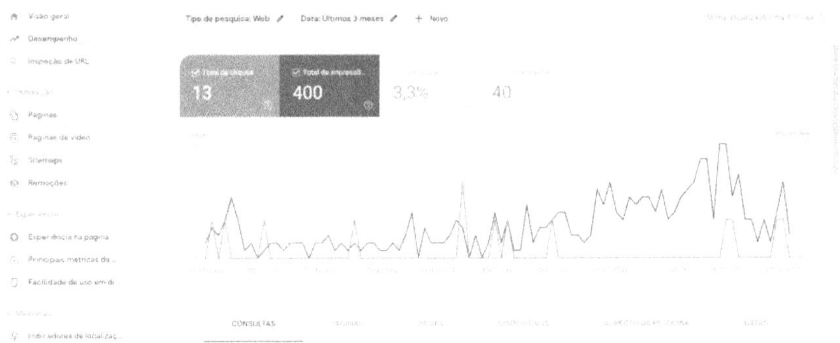

Tela do Search console da Google - Exibindo total de cliques, total de impressão e posição média da clínica no Google.

Guia para usar o Search Console:

1. Acesse o site do Google Search Console e faça login com a sua conta do Google.

2. Adicione o seu site ao Search Console.

3. Aguarde alguns dias para que o Google colete dados do seu site.

4. Analise as informações disponíveis no painel do Search Console.

5. Identifique as palavras-chave pelas quais seu site está sendo encontrado.

6. Verifique o desempenho das suas páginas nos resultados de busca.

7. Identifique as páginas com baixo desempenho e verifique se há problemas de indexação ou outros problemas técnicos.

8. Defina metas alcançáveis para melhorar o desempenho do seu site nos resultados de busca.

9. Utilize as informações do Search Console para otimizar seu site e suas campanhas de marketing digital.

Caso História Real:

Dr. João, um médico dermatologista, tinha acabado de criar seu site para promover seu consultório. No entanto, ele não sabia como medir o desempenho do site e estava tendo dificuldades para atrair pacientes.

Foi quando um amigo, que trabalhava na área de marketing digital, recomendou que ele usasse o Google Search Console para medir o desempenho do site.

Dr. João seguiu o passo a passo para adicionar seu site ao Search Console e esperou alguns dias para que o Google coletasse dados do seu site.

Ao acessar o painel do Search Console, ele pôde ver quais palavras-chave estavam sendo usadas para encontrar seu site e quais páginas estavam tendo bom desempenho nos resultados de busca.

Ele também identificou algumas páginas com baixo desempenho e verificou que havia problemas de indexação que estavam prejudicando a visibilidade do site nos resultados de busca.

Com as informações do Search Console em mãos, Dr. João pôde corrigir os problemas técnicos e otimizar seu site para melhorar seu desempenho nos resultados de busca.

Com o tempo, o site de Dr. João começou a ter mais visitas e ele conseguiu atrair mais pacientes para o seu consultório.

Sugestões de Dados para Análise:

Impressões: quantas vezes suas páginas apareceram nos resultados de busca.

Cliques: quantas vezes seus links foram clicados nos resultados de busca.

CTR: taxa de cliques, ou seja, a porcentagem de vezes que um link foi clicado em relação ao número de impressões.

Posição média: em que posição suas páginas aparecem nos resultados de busca.

Palavras-chave: quais palavras-chave estão sendo usadas para encontrar seu site.

Dispositivos: qual a distribuição de visitas por dispositivo (desktop, mobile, tablet).

Tempo de carregamento: quanto tempo seu site leva para carregar.

Assim que a conta estiver criada e seu site adicionado ao Search Console, é hora de começar a explorar as informações que ele pode oferecer. Aqui está um passo a passo para ajudá-lo a navegar pelas ferramentas do Search Console e começar a avaliar seu desempenho de marketing digital:

1. Navegue até a página inicial do Search Console e selecione o site que deseja analisar.

2. No menu lateral, selecione a seção "Desempenho" para visualizar os dados de desempenho do seu site. Aqui, você pode ver informações como o número de cliques, impressões, CTR e posição média do seu site nos resultados de pesquisa.

3. Use o filtro para escolher um período de tempo específico, como os últimos 30 dias, para avaliar seu desempenho ao longo do tempo.

4. Analise as consultas de pesquisa que estão gerando tráfego para o seu site. Verifique se as consultas são

relevantes ao seu negócio e se elas estão gerando tráfego de qualidade.

5. Analise as páginas do seu site que estão recebendo mais tráfego e verifique se elas estão alinhadas aos seus objetivos de negócio.

6. Verifique se há problemas com o seu site, como erros de rastreamento ou penalidades do Google. O Search Console irá notificá-lo sobre quaisquer problemas encontrados.

7. Use as informações coletadas para definir metas realistas e alcançáveis para o seu site. Se você deseja aumentar o tráfego para o seu site, por exemplo, pode definir uma meta de aumentar o número de cliques em 10% nos próximos 3 meses.

Monitore regularmente o desempenho do seu site e faça ajustes conforme necessário. Use os dados fornecidos pelo Search Console para orientar sua estratégia de marketing digital e tomar decisões informadas sobre o futuro do seu negócio.

Com essas dicas, você pode usar o Search Console para avaliar o desempenho do seu site e melhorar sua campanha de marketing digital. Lembre-se de que os dados fornecidos pelo Search Console são uma ferramenta poderosa para orientar suas decisões de negócios e ajudá-lo a alcançar seus objetivos.

Importante

Olá, médico! Sabemos que você está investindo em marketing digital para divulgar o seu consultório, e é por isso que queremos falar sobre a importância de ter uma estratégia de curto e longo prazo. É fundamental que você invista em campanhas pagas no início para gerar tráfego e visibilidade imediatos. Entretanto, é preciso pensar a longo prazo para alcançar resultados sustentáveis e duradouros.

Para avaliar o desempenho das suas campanhas pagas, você pode utilizar a tabela abaixo como exemplo:

Mês	Valor Investido	Quantidade de Cliques	Valor do CTR	Conversões	ROI
Janeiro	500	200	2%	20	400%
Fevereiro	800	300	3%	30	375%
Março	1000	400	4%	40	400%

O valor investido é o quanto você gastou em suas campanhas no mês correspondente. A quantidade de cliques é o número de vezes que seu anúncio foi clicado pelos usuários. O valor do CTR é a taxa de cliques por impressões, que mede a eficiência do seu anúncio em atrair o interesse dos usuários. As conversões são as ações realizadas pelos usuários após clicarem no seu anúncio, como preencher um formulário ou agendar uma consulta. Por fim, o **ROI é o retorno sobre o investimento**, que mede a eficiência da sua campanha em gerar resultados financeiros.

Com o marketing digital médico, você pode transformar pacientes em embaixadores da sua marca, criando uma comunidade que acredita em você e no seu trabalho.
- Danilo Carlos Silva Ceccon

Com esses dados, você pode identificar o que está funcionando bem em suas campanhas e o que precisa ser ajustado. **Se o valor do CTR está baixo**, por exemplo, você pode **testar diferentes anúncios e palavras-chave para atrair mais cliques**. Se o **ROI está abaixo do esperado**, talvez seja **necessário repensar o valor investido ou a segmentação do público-alvo**.

Lembre-se sempre de que a avaliação constante do desempenho das suas campanhas é essencial para otimizar seus resultados e alcançar seus objetivos de marketing digital.

Capítulo 11: Como integrar sua estratégia de marketing digital com sua estratégia de atendimento ao paciente

O objetivo do marketing digital para médicos é, além de atrair novos pacientes, também fidelizar aqueles que já utilizam seus serviços. E para que isso ocorra de forma efetiva, é necessário que haja uma integração da sua estratégia de marketing com a sua estratégia de atendimento ao paciente.

Muitas vezes, os pacientes escolhem um médico baseados em indicações de amigos e familiares, e a experiência que têm durante as consultas e tratamentos. E para que isso ocorra de forma positiva, é necessário que sua equipe esteja alinhada com a sua estratégia de marketing.

A seguir, apresentaremos algumas dicas de como integrar a sua estratégia de marketing digital com a sua estratégia de atendimento ao paciente:

1. **Treinamento da equipe:** É importante que a sua equipe de atendimento esteja preparada para atender os pacientes que chegam por meio de suas campanhas de marketing digital. É necessário que eles conheçam o que está sendo divulgado, e estejam alinhados com a mensagem que está sendo passada.

2. **Comunicação unificada:** A mensagem que está sendo passada em suas campanhas de marketing digital deve estar alinhada com a mensagem que a sua equipe passa aos pacientes. Por isso, é importante que todos estejam alinhados, e que a comunicação seja unificada.

3. **Acompanhamento pós-consulta:** É importante que você e sua equipe estejam acompanhando o paciente mesmo após a consulta. Isso ajuda a fidelizá-lo, além de garantir que a experiência dele tenha sido positiva.

4. **Personalização do atendimento:** Seu paciente deve se sentir único e especial, e para isso é necessário que o

atendimento seja personalizado. Saber o nome dele, se lembrar de seu histórico e preferências, são pequenos detalhes que fazem toda a diferença.

5. **Feedback do paciente:** O feedback do paciente é fundamental para saber se sua estratégia de marketing está funcionando, e se o seu atendimento está sendo efetivo. É necessário que você peça o feedback deles, e faça as adequações necessárias.

É importante ressaltar que a integração da sua estratégia de marketing digital com a sua estratégia de atendimento ao paciente não é um processo simples e rápido. É necessário que haja um trabalho constante, acompanhamento e ajustes para que o resultado seja efetivo.

Nem sempre é dinheiro

Era uma vez um médico muito talentoso e reconhecido em sua área, que se dedicava ao máximo em oferecer o melhor atendimento aos seus pacientes. Ele investia em equipamentos modernos, participava de congressos e palestras para atualizar seus conhecimentos e sempre estava disposto a ajudar e tirar dúvidas dos seus pacientes.

No entanto, mesmo com todo esse esforço, ele começou a perceber que a sua clínica não estava tendo o resultado esperado em termos de crescimento e satisfação dos pacientes. Foi quando ele se deu conta que a sua estratégia de marketing digital não estava alinhada com a estratégia de atendimento ao paciente.

Por mais que ele estivesse investindo em campanhas digitais de qualidade e tivesse uma presença forte na internet, muitas vezes os pacientes encontravam dificuldades para marcar uma consulta, tinham dúvidas que não eram esclarecidas prontamente ou, em alguns casos, não se sentiam acolhidos no momento da consulta presencial.

A partir dessa reflexão, o médico decidiu investir também na estratégia física, treinando a sua equipe para oferecer um atendimento humanizado e eficiente, com processos bem definidos para atender todas as necessidades do paciente.

Com o alinhamento entre as estratégias digital e física, o médico percebeu que os resultados começaram a aparecer. Os pacientes estavam mais satisfeitos e recomendavam a clínica para amigos e familiares, o que aumentou a taxa de indicação e a retenção de pacientes.

Por isso, é fundamental que o médico esteja atento à integração entre as estratégias digitais e físicas, garantindo que o atendimento seja eficiente em todos os canais e momentos de contato com o paciente. Dessa forma, é possível oferecer uma experiência completa e satisfatória, que irá contribuir para o sucesso do negócio.

Para personalizar o atendimento

Para personalizar o atendimento, o médico pode adotar algumas práticas simples. Uma delas é registrar o nome e informações básicas de cada paciente em um sistema de gestão ou prontuário eletrônico. Dessa forma, em cada consulta, é possível acessar rapidamente informações relevantes sobre o histórico médico e preferências do paciente.

Além disso, é importante que o médico faça um esforço para se lembrar dos detalhes da última consulta e fazer perguntas personalizadas para o paciente. Por exemplo, se o paciente mencionou que estava se sentindo estressado na última consulta, o médico pode perguntar sobre isso e oferecer sugestões de como lidar com o estresse.

Outra maneira de personalizar o atendimento é por meio de mensagens de texto ou e-mail personalizadas, que podem ser automatizadas com o uso de ferramentas de marketing digital. O médico pode enviar mensagens de aniversário, lembretes de consulta e informações relevantes sobre sua área de atuação.

Essas práticas simples ajudam a criar uma relação de confiança entre médico e paciente, e consequentemente, aumentam a satisfação do paciente e a fidelidade ao consultório.

O feedback do paciente

Certamente, médico, você quer garantir que seus pacientes estejam satisfeitos e tenham uma boa experiência em sua clínica. Uma das formas de garantir isso é através do feedback. Com o feedback do paciente, você pode identificar o que está funcionando e o que precisa ser melhorado. Se um paciente elogia a qualidade do atendimento, você pode usar isso para reforçar essa prática com sua equipe. Por outro lado, se um paciente se queixa de um longo tempo de espera, você pode identificar esse problema e trabalhar para melhorar esse ponto. O feedback é uma ferramenta valiosa para ajudá-lo a entender o que seus pacientes pensam e como você pode melhorar. Não tenha medo de pedir feedback e esteja aberto a ouvir o que os pacientes têm a dizer.

Estudos recentes

De acordo com estudos recentes, **a maioria das clínicas médicas falham** em pontos cruciais de **atendimento presencial e recepção de leads através da internet.**

Um dos principais pontos onde as clínicas falham é na personalização do atendimento, deixando o paciente com a sensação de que está sendo tratado de forma genérica e sem atenção individualizada. Além disso, muitas clínicas não conseguem captar os feedbacks dos pacientes, o que dificulta a melhoria contínua dos serviços.

Na recepção de leads através da internet, a falta de rapidez e efetividade na resposta ao paciente é uma das principais falhas. Muitas clínicas não dão a devida atenção aos contatos recebidos através de e-mail, telefone ou formulário de contato, o que resulta em perda de oportunidades de conversão.

Outro ponto onde muitas clínicas falham é na comunicação clara e efetiva sobre os serviços oferecidos, deixando o paciente com dúvidas e incertezas sobre o que esperar do atendimento. Isso pode levar a uma imagem negativa da clínica e perda de potenciais pacientes.

Por isso, é fundamental que as clínicas médicas invistam em uma estratégia de atendimento personalizada e efetiva, tanto no atendimento presencial quanto no digital. O feedback dos pacientes deve ser valorizado e utilizado como ferramenta de melhoria contínua dos serviços, e a comunicação clara e efetiva sobre os serviços oferecidos deve ser uma prioridade. Dessa forma, as clínicas médicas poderão garantir uma experiência positiva para os pacientes e aumentar a fidelização e captação de novos clientes.

De acordo com uma pesquisa realizada pela **Accenture, em 2022, 82% dos pacientes** afirmam que a qualidade do **atendimento é o fator mais importante na escolha de um médico ou clínica**, e 55% afirmam que não voltariam a uma clínica se não recebessem um bom atendimento. Além disso, um estudo da **Harvard Business Review** mostrou que, em média, as empresas respondem a leads gerados por campanhas de marketing digital apenas após 42 horas, o que resulta em perda de oportunidades de conversão. É importante ressaltar que esses números podem variar de acordo com o segmento e região de atuação da clínica.

Não existe fórmula
mágica para o sucesso
no marketing médico
digital. O segredo é
experimentar,
aprender e se adaptar
constantemente."
- Danilo Carlos Silva Ceccon

Capítulo 12: Como lidar com as questões éticas do marketing digital para consultórios médicos

O marketing digital para consultórios médicos pode gerar grande exposição, aumentar a visibilidade e conquistar novos pacientes. No entanto, é fundamental que o médico esteja atento às questões éticas envolvidas e que cumpra com as normas do Conselho Federal de Medicina (CFM).

O CFM estabelece diversas regras para o marketing médico, com o objetivo de proteger o paciente e evitar práticas que possam prejudicá-lo. Por isso, é importante conhecer essas normas e aplicá-las em todas as ações de marketing digital.

Uma das principais regras do CFM é a proibição da oferta de consultas gratuitas, da divulgação de preços de procedimentos e do uso de imagens que possam expor o paciente. É importante que o médico esteja atento a essas normas e assegure que todas as suas ações de marketing digital estejam em conformidade com as mesmas.

Além disso, é importante que o médico respeite a privacidade dos pacientes, mantendo a confidencialidade de suas informações pessoais e médicas. É fundamental que o consentimento seja obtido antes da divulgação de qualquer informação relacionada ao paciente.

Outra questão ética importante é a honestidade na divulgação de informações. É preciso evitar promessas exageradas e enganosas, que possam levar o paciente a escolhas inadequadas. É importante que o médico seja transparente e objetivo em sua comunicação, apresentando informações precisas e claras sobre seus serviços e especialidades.

Por fim, é importante que o médico tenha um bom relacionamento com seus pacientes e que preze pela ética em todas as suas relações. É fundamental que o paciente seja visto como um ser humano, com necessidades e expectativas, e não apenas como um número ou uma fonte de lucro.

Seguindo essas recomendações e as normas estabelecidas pelo CFM, o médico pode utilizar o marketing digital de forma ética e responsável, conquistando novos pacientes e aumentando a visibilidade de seu consultório. Lembre-se sempre de que o bem-estar do paciente deve estar sempre em primeiro lugar.

NOVAS REGRAS

IMPRIMIR PÁGINA

Proibições Gerais

De modo geral, na propaganda ou publicidade de serviços médicos e na exposição na imprensa ao médico ou aos serviços médicos é vedado:

I - usar expressões tais como "o melhor", "o mais eficiente", "o único capacitado", "resultado garantido" ou outras com o mesmo sentido;

II - sugerir que o serviço médico ou o médico citado é o único capaz de proporcionar o tratamento para o problema de saúde;

III - assegurar ao paciente ou a seus familiares a garantia de resultados;

IV - apresentar nome, imagem e/ou voz de pessoa leiga em medicina, cujas características sejam facilmente reconhecidas pelo público em razão de sua celebridade, afirmando ou sugerindo que ela utiliza os serviços do médico ou do estabelecimento de saúde ou recomendando seu uso;

IV - sugerir diagnósticos ou tratamentos de forma genérica, sem realizar consulta clínica individualizada e com base em parâmetros da ética médica e profissional;

V - usar linguagem direta ou indireta relacionando a realização de consulta ou de tratamento à melhora do desempenho físico, intelectual, emocional, sexual ou à beleza de uma pessoa;

VI - apresentar de forma abusiva, enganosa ou assustadora representações visuais das alterações do corpo humano causadas por doenças ou lesões, todo uso de imagem deve enfatizar apenas a assistência;

VII - apresentar de forma abusiva, enganosa ou sedutora representações visuais das alterações do corpo humano causadas por supostos tratamento ou submissão a tratamento, todo uso de imagem deve enfatizar apenas a assistência;

VIII – incluir mensagens, símbolos e imagens de qualquer natureza dirigidas a crianças ou adolescentes, conforme classificação do Estatuto da Criança e do Adolescente;

IX - fazer uso de peças de propaganda e/ou publicidade médica – independentemente da mídia utilizada para sua veiculação – nas quais se apresentem designações, símbolos, figuras, desenhos, imagens, slogans e quaisquer argumentos que sugiram garantia de resultados e percepção de êxito/sucesso pessoal do paciente atreladas ao uso dos serviços de determinado médico ou unidade de saúde.

Parte da página do conselho regional de medicina em 2023 -

Segue abaixo o passo a passo para criar uma campanha ética de marketing digital para um consultório de oftalmologia:

1) **Defina seu público-alvo:** antes de iniciar qualquer campanha, é importante definir quem é seu público-alvo. No caso de um consultório de oftalmologia, seu público pode ser pessoas de todas as idades que precisam de tratamento para problemas de visão.

2) **Identifique suas necessidades:** após definir seu público-alvo, é importante identificar quais são suas necessidades e desejos em relação ao tratamento oftalmológico. Por exemplo, alguns pacientes podem estar interessados em tratamentos para corrigir miopia ou astigmatismo, enquanto outros podem estar mais interessados em cirurgias para catarata.

3) **Crie uma mensagem clara e objetiva:** ao criar sua campanha, é importante ter uma mensagem clara e objetiva que responda às necessidades de seu público-alvo. Por exemplo, se você está promovendo cirurgias para catarata, sua mensagem poderia ser "Recupere sua visão em apenas um procedimento".

4) **Use imagens adequadas:** as imagens que você usa em sua campanha devem ser apropriadas e relevantes para seu público-alvo. No caso de um consultório de oftalmologia, imagens de pacientes satisfeitos após o tratamento, ou de equipamentos modernos, podem ser eficazes para atrair a atenção.

5) **Utilize depoimentos de pacientes satisfeitos:** depoimentos de pacientes satisfeitos com seu trabalho podem ajudar a fortalecer sua mensagem e construir confiança com seu público-alvo. Certifique-se de obter permissão dos pacientes antes de usar seus depoimentos em sua campanha.

6) **Respeite o código de ética médica:** ao criar sua campanha, é importante respeitar o código de ética médica, que proíbe a divulgação de resultados garantidos, a promoção de procedimentos desnecessários e a oferta de descontos excessivos.

7) **Use canais de marketing adequados:** ao promover seu consultório, é importante usar os canais de marketing adequados para alcançar seu público-alvo. Por exemplo, anúncios em mídias sociais, marketing por e-mail e anúncios no Google podem ser eficazes para chegar a novos pacientes.

Um exemplo de campanha ética para um consultório de oftalmologia pode incluir uma mensagem clara e objetiva como "Recupere sua visão em apenas um procedimento", uma imagem de um paciente satisfeito após a cirurgia de catarata, depoimentos de pacientes satisfeitos e um anúncio no Google direcionado para pessoas que procuram tratamentos oftalmológicos. Além disso, a campanha deve respeitar o código de ética médica, **evitando promessas de resultados garantidos e descontos excessivos.**

O que não fazer!

Segue abaixo **6 exemplos de anúncios considerados antiéticos pelo Conselho Regional de Medicina:**

- **Divulgação enganosa:** Alegações falsas - Anúncio de um dermatologista afirmando que seu tratamento é 100% eficaz em todos os casos de acne, o que não é verdade.

- **Publicidade invasiva:** Anúncio de um cirurgião plástico que envia mensagens diretas nas redes sociais para pessoas que não solicitaram informações sobre seus serviços.

- **Promoção inadequada:** Anúncio de uma clínica odontológica que oferece descontos agressivos para tratamentos complexos sem informar corretamente os riscos envolvidos.

- **Uso indevido de imagens:** Anúncio de um cirurgião plástico que utiliza imagens manipuladas digitalmente para mostrar resultados de cirurgias que não são realistas.

- **Falta de identificação do médico:** Anúncio de uma clínica que utiliza fotos e depoimentos de pacientes satisfeitos, mas não informa claramente quem são os médicos responsáveis pelos procedimentos.

- **Promoção de serviços não comprovados cientificamente:** Anúncio de um terapeuta que promete curar doenças graves com métodos alternativos sem base científica.

É importante ressaltar que esses tipos de anúncios são considerados antiéticos e podem acarretar em sanções pelo Conselho Regional de Medicina. É fundamental que os profissionais de saúde sigam as normas e regulamentações para manter a integridade da profissão e garantir um atendimento adequado aos pacientes.

Um pequeno Exercício:

Qual seria a sua opinião sobre a sugestão de criação desses anúncios para sua clínica ou consultório? Você consideraria tais anúncios éticos ou não éticos?

1) "Garantia de cura para a sua doença! Consulte agora com o Dr. Fulano"

2) "Botox com 50% de desconto! Corra e agende sua consulta agora mesmo"

3) "Mamoplastia de aumento com resultados incríveis!

"Nunca deixe seus anúncios escreverem cheques que seu site não possa compensar"

Avinash Kaushik

Resposta:

Certamente, esses tipos de anúncios são considerados antiéticos pelo Conselho Regional de Medicina e podem levar a sanções. É fundamental que o médico tenha em mente que a publicidade e a propaganda em sua área possuem regras e limitações éticas, visando a preservação da confiança do público na profissão e evitando práticas que possam prejudicar a saúde e o bem-estar do paciente. Portanto, é importante seguir as diretrizes estabelecidas pelo CRM e investir em estratégias de marketing éticas e responsáveis para a promoção de seus serviços.

1) "Garantia de cura para a sua doença! Consulte agora com o Dr. Fulano"
   R: Este anúncio sugere resultados garantidos e pode ser considerado enganoso, pois nenhum médico pode garantir a cura de uma doença.

2) "Botox com 50% de desconto! Corra e agende sua consulta agora mesmo"

R: Este anúncio pode ser considerado antiético porque pode induzir o paciente a tomar uma decisão com base no preço em vez da qualidade dos serviços médicos prestados.

3) "Mamoplastia de aumento com resultados incríveis! Veja nossos casos de sucesso"

R: Este anúncio pode ser considerado abusivo porque usa imagens e linguagem sedutora para persuadir os pacientes a procurarem um determinado médico ou clínica, sem fornecer informações suficientes sobre os riscos e benefícios do procedimento.

Nota do autor:

Parabéns, você acertou em identificar que esses anúncios são antiéticos e que, ao evitá-los, está seguindo as normas do CFM e do CRM. É importante lembrar que um marketing eficiente e ético é fundamental para manter a reputação e a credibilidade do consultório ou clínica médica. **Continue assim, seguindo as boas práticas e oferecendo um atendimento de qualidade aos seus pacientes.**

Capítulo 13: Como manter sua presença online atualizada e relevante

Manter a presença online atualizada e relevante é uma tarefa essencial para o sucesso de qualquer clínica ou consultório médico nos dias de hoje. Com a grande quantidade de informações disponíveis na internet, é fundamental que os profissionais da saúde estejam sempre atualizados e ofereçam conteúdo de qualidade aos seus pacientes e potenciais clientes.

Neste capítulo, vamos explorar algumas estratégias para manter sua presença online atualizada e relevante, desde a criação de conteúdo até o gerenciamento de redes sociais e a otimização do seu site.

Começando pela criação de conteúdo, é importante que os médicos produzam conteúdo de qualidade e relevante para seu público-alvo. Isso pode incluir artigos informativos, vídeos explicativos, infográficos e até mesmo podcasts. É importante que o conteúdo seja atualizado regularmente para que os pacientes e potenciais clientes percebam que a clínica ou consultório está sempre se atualizando e oferecendo informações de qualidade.

Além disso, é importante gerenciar as redes sociais da clínica ou consultório de forma profissional e estratégica. Isso inclui a criação de uma presença consistente em várias plataformas, como Facebook, Instagram e Twitter, e a publicação regular de conteúdo relevante e informativo para o público-alvo. É fundamental que os profissionais da saúde estejam atentos às tendências nas redes sociais e adaptem sua estratégia de acordo com as mudanças no comportamento dos usuários.

Outro aspecto importante para manter a presença online atualizada e relevante é a otimização do site da clínica ou consultório para os mecanismos de busca. Isso envolve a utilização de técnicas de SEO (Search Engine Optimization) para melhorar a visibilidade do site nos resultados de busca do Google e de outros buscadores. É fundamental que os profissionais da saúde estejam atentos às mudanças nos algoritmos de busca e adaptem sua estratégia de otimização de acordo com as atualizações.

Por fim, é importante monitorar e avaliar regularmente o desempenho da presença online da clínica ou consultório. Isso pode incluir a análise de métricas como o tráfego do site, a taxa de conversão de leads em pacientes e o engajamento nas redes sociais. Com base nessas informações, é possível ajustar a estratégia de marketing digital e melhorar os resultados ao longo do tempo.

Em resumo, manter uma presença online atualizada e relevante é fundamental para o sucesso de clínicas e consultórios médicos nos dias de hoje. A criação de conteúdo de qualidade, o gerenciamento estratégico das redes sociais, a otimização do site para os mecanismos de busca e a monitoração regular do desempenho são algumas das estratégias essenciais para manter sua presença online atualizada e relevante.

O gestor e conteúdo:

A profissão de gestor de conteúdo surgiu com a crescente importância da presença online das empresas e instituições. Com o aumento do uso da internet e das redes sociais, tornou-se cada vez mais necessário produzir conteúdo relevante e de qualidade para atrair e engajar o público.

Antigamente, essa função era desempenhada por profissionais de diferentes áreas, como publicitários, jornalistas, designers, programadores, entre outros. No entanto, com o tempo, percebeu-se a necessidade de uma pessoa que pudesse integrar e coordenar todas essas áreas, garantindo que o conteúdo produzido fosse coerente e alinhado com os objetivos da empresa.

Assim, surgiu a figura do gestor de conteúdo, que é responsável por planejar, criar, gerenciar e distribuir o conteúdo online de uma empresa. Ele deve conhecer as diferentes áreas envolvidas na produção de conteúdo e ser capaz de integrá-las de forma estratégica.

Além disso, o gestor de conteúdo deve estar sempre atualizado sobre as novidades e tendências do mercado digital, buscando formas de melhorar a presença online da empresa e aumentar o engajamento do público. É uma profissão desafiadora e em constante evolução, que exige criatividade, habilidade de comunicação e visão estratégica.

Nota do autor bem humorado:

Ei, médico, você já é um profissional incrível salvando vidas, mas sabia que pode ser ainda mais incrível como gestor de conteúdo do seu consultório? Sim, isso mesmo! Não precisa ser nenhum especialista em tecnologia, basta um pouco de dedicação e criatividade para manter suas redes sociais atualizadas e relevantes para seus pacientes. E quem sabe, além de curar seus pacientes, você também possa curar suas timelines com conteúdos de qualidade. Então, bora botar a mão na massa e ser um médico 5.0!

Ei, doutor(a) marqueteiro(a), tá por dentro de todos os formatos de anúncios que existem por aí? É uma loucura! Tem anúncio pra todo tipo de rede social, de formato, de tamanho... Mas calma, vamos começar com um dos queridinhos do momento: o modelo de campanha em imagem lado a lado.

Esse modelo é perfeito para ser utilizado em redes sociais que permitem compartilhamento de mais de uma imagem por postagem, como o Instagram. Ele consiste em criar duas imagens que se complementam, formando um conjunto atrativo e interessante aos olhos dos seguidores. É uma ótima opção para quem quer divulgar um antes e depois de tratamentos estéticos, por exemplo.

E aí, já sabe qual é o formato ideal para o seu anúncio? Lembre-se, cada rede social tem suas particularidades e é importante se adaptar para ter um impacto maior. Então, prepare-se para criar campanhas em formato de reels, stories, carrossel e muito mais!

O Canva:

Você já ouviu falar do Canva? É uma ferramenta incrível que pode ajudá-lo a criar conteúdos incríveis e atrativos para suas redes sociais. Na tela abaixo, você pode ver o editor do Canva, onde você pode soltar sua criatividade e produzir conteúdos incríveis para sua clínica ou consultório. É fácil de usar e pode ser uma ótima opção para quem não tem habilidades em design. Dê uma chance ao Canva e veja como ele pode ajudá-lo a melhorar sua presença online.

*Parabéns, caro leitor! Você acaba de **descobrir o primeiro bônus exclusivo deste livro incrível!** E o melhor de tudo é que ele está dentro do Canva, a ferramenta que te permite criar designs incríveis e personalizados para suas campanhas de marketing digital.*

Dentro do Canva, você encontrará uma série de templates pré-prontos para suas redes sociais, com designs modernos e profissionais que certamente vão destacar sua clínica médica na internet. E o melhor de tudo: você poderá personalizar esses templates de acordo com a sua identidade visual, incluindo sua logo, suas cores e suas imagens.

Então, não perca tempo e acesse agora mesmo o Canva para aproveitar este bônus exclusivo e dar um boost na sua estratégia de marketing digital. Você não vai se arrepender!

Acesse o link e tenha acesso ao pacote exclusivo de modelos editáveis para você:

https://www.canva.com/pt_br/modelos/?query=saude

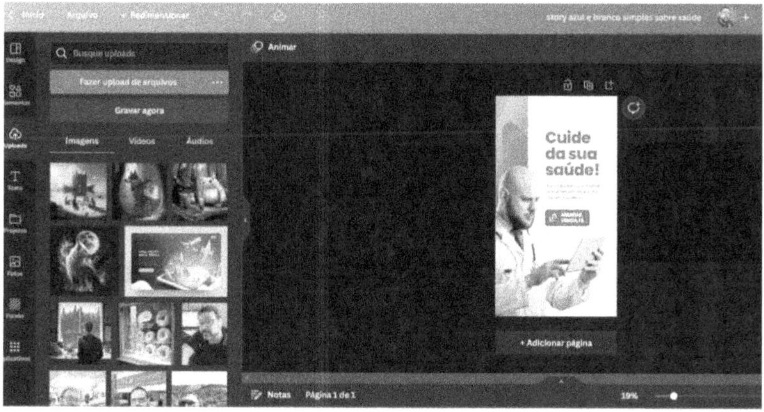

Tela do Editor de projetos do Canva em 2023

"O segredo para se destacar no marketing digital médico é saber comunicar a sua expertise com paixão e empatia."

- Danilo Carlos Silva Ceccon

Os Carrosséis

Os carrosséis são um tipo de mídia que permitem ao usuário rolar por várias imagens ou vídeos dentro de um único anúncio. Eles surgiram como uma forma de ajudar as marcas a contar histórias mais longas e envolventes em suas campanhas de marketing digital.

Os carrosséis são uma ótima maneira de compartilhar informações detalhadas sobre produtos ou serviços, mostrar diferentes ângulos de um produto, exibir diferentes cores ou modelos de um produto e até mesmo contar uma história por meio de uma série de imagens ou vídeos.

Além disso, os carrosséis também permitem que as marcas ofereçam uma experiência interativa aos usuários, incentivando-os a interagir com o conteúdo e a descobrir mais sobre a marca ou produto anunciado.

Por isso, se você está buscando uma maneira eficiente e envolvente de compartilhar informações sobre o seu consultório ou clínica médica, os carrosséis são uma ótima opção para incluir em sua estratégia de marketing digital.

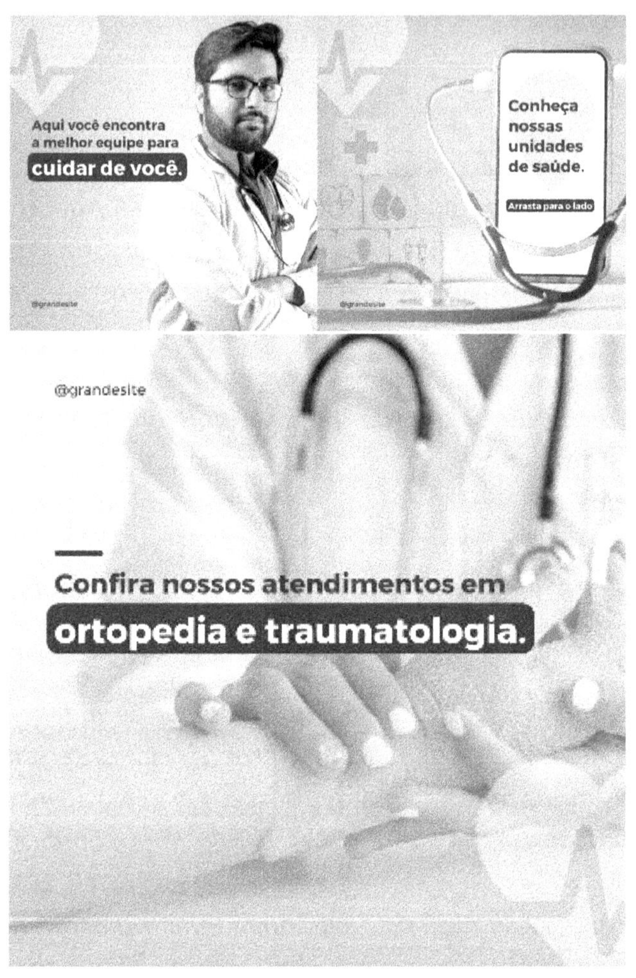

Exemplo de um carrossel criado no Canva em2023

Formato padrão e Feed:

O formato Feed surgiu em meados de 2013, com o objetivo de tornar a navegação no Instagram mais intuitiva e agradável para o usuário. Ele consiste em um fluxo contínuo de postagens, com a mais recente aparecendo primeiro e as mais antigas seguindo em ordem cronológica inversa.

Esse formato é extremamente importante para a presença digital de um consultório médico, pois permite que o médico compartilhe informações relevantes, dicas de saúde, promoções e outros conteúdos de maneira constante e organizada. Além disso, o Feed permite que os seguidores interajam com as postagens, deixando comentários, curtidas e compartilhando com amigos e familiares.

O Feed é a vitrine virtual do seu consultório médico e é através dele que muitas pessoas terão o primeiro contato com seus serviços. Por isso, é importante manter um feed atualizado e consistente, com postagens de qualidade e com uma identidade visual que reflita a imagem do seu consultório.

Com o Feed, é possível criar uma presença forte e consistente na internet, que pode aumentar a visibilidade e a credibilidade do seu consultório, além de atrair novos pacientes e fidelizar os já existentes.

A humanização:

A humanização nas artes de saúde é um conceito que busca valorizar o atendimento ao paciente como um todo, não apenas como um objeto de tratamento médico. É a ideia de que cada pessoa é única e merece ser tratada com respeito, empatia e compaixão.

Com certeza, utilizar pessoas reais nas artes de saúde é uma forma incrível de humanizar o conteúdo! Quando usamos imagens reais de pacientes ou profissionais de saúde em nossas campanhas, conseguimos criar uma conexão muito mais forte com o público e gerar uma empatia muito maior. Isso é muito importante no setor da saúde, onde as pessoas muitas vezes estão passando por momentos delicados e precisam se sentir acolhidas e compreendidas. Além disso, o uso de imagens reais pode ajudar a desmitificar alguns tabus ou medos que as pessoas possam ter em relação a determinadas condições médicas ou procedimentos. Por isso, é sempre uma ótima ideia humanizar a arte do conteúdo e usar imagens reais em nossas campanhas de saúde!

SEO:

Exemplo de post para Instagram:

"Tudo o que você precisa saber sobre cirurgia plástica facial: entenda os procedimentos mais comuns e como escolher o melhor para você. 🤩

👉 Palavras-chave: cirurgia plástica facial, procedimentos, escolha, resultados.

👉 Passo a passo para gerar esse conteúdo:

1️⃣ Identifique as dúvidas mais comuns dos seus pacientes sobre cirurgia plástica facial;

2️⃣ Liste os procedimentos mais realizados no seu consultório;

3️⃣ Explique em detalhes cada procedimento, seus benefícios, indicações e resultados;

4️⃣ Dê dicas de como escolher o melhor procedimento para cada paciente, levando em consideração suas características físicas e expectativas;

5️⃣ Finalize com uma chamada para ação, incentivando seus seguidores a agendarem uma consulta para tirar suas dúvidas e conhecer mais sobre os procedimentos.

👏 Parabéns, leitor! Você está no caminho certo para gerar conteúdos relevantes e otimizados para SEO. Com as palavras-chave corretas e um conteúdo de qualidade, sua presença online será cada vez mais relevante e você será encontrado com mais facilidade pelos seus pacientes em potencial. E sim, já estamos chegando ao final do livro! Espero que você tenha aprendido muito e que esteja preparado para aplicar tudo o que aprendeu em sua estratégia de marketing digital. 🧑‍⚕️💻🚀"

Para encerrar, é importante ressaltar que a única forma de se manter presente e relevante nas redes sociais é entregando conteúdo de qualidade para sua audiência. Gerar conteúdo com frequência e de forma constante é muito mais efetivo do que fazer posts espaçados ou até mesmo deixar meses sem postar. Por isso, continue produzindo conteúdo relevante e de qualidade para seu público, mantenha sua presença online atualizada e relevante e com certeza colherá bons frutos a curto, médio e longo prazo. **Parabéns por ter chegado até aqui e por estar buscando sempre se atualizar e melhorar sua presença online!**

"Conteúdo é fogo, Mídias Sociais são gasolina."

Jay Baer, especialista em marketing do Content Marketing Institute

Capítulo 14: Como colaborar com outros profissionais de saúde e parceiros para melhorar seu marketing digital

O marketing digital é uma estratégia complexa que pode ser difícil de dominar sozinho. Por isso, é importante buscar a colaboração de outros profissionais de saúde e parceiros para melhorar sua presença online. Neste capítulo, vamos explorar as vantagens de colaborar com outros profissionais e como fazer isso de forma eficaz.

Por que colaborar?

Colaborar com outros profissionais de saúde e parceiros pode trazer diversas vantagens para o seu marketing digital. Alguns benefícios incluem:

- Ampliar sua rede de contatos: ao trabalhar com outros profissionais, você pode expandir sua rede de contatos e chegar a novos públicos.

- Compartilhar conhecimento: trocar ideias e conhecimentos com outros profissionais pode ajudá-lo a aprender e crescer em sua área.

- Aumentar sua visibilidade: ao colaborar com outros profissionais, você pode aumentar sua visibilidade online e atrair novos pacientes.

- Criar parcerias duradouras: trabalhar em conjunto com outros profissionais pode levar a parcerias duradouras que trazem benefícios a longo prazo.

Como colaborar?

Existem diversas formas de colaborar com outros profissionais de saúde e parceiros. Algumas ideias incluem:

- Co-criar conteúdo: trabalhar em conjunto com outros profissionais para criar conteúdo relevante e de qualidade para seus pacientes e seguidores.

- Compartilhar postagens: compartilhar postagens e conteúdo de outros profissionais em suas redes sociais para ampliar sua visibilidade e ajudá-los a alcançar novos públicos.

- Participar de eventos: participar de eventos e feiras de saúde em conjunto com outros profissionais para ampliar sua rede de contatos e chegar a novos públicos.

- Indicar outros profissionais: indicar outros profissionais de saúde e parceiros que você confia para seus pacientes e seguidores.

Como gerar conteúdo em conjunto?

Uma forma eficaz de colaborar com outros profissionais é co-criar conteúdo. Isso pode incluir escrever artigos em conjunto, gravar vídeos, criar infográficos e muito mais. Ao co-criar conteúdo, você pode unir seus conhecimentos e experiências para oferecer algo valioso para seus pacientes e seguidores.

Algumas dicas para gerar conteúdo em conjunto incluem:

- Definir um tema: escolher um tema relevante para seus pacientes e seguidores.

- Dividir as tarefas: dividir as tarefas de criação de conteúdo entre os profissionais envolvidos para tornar o processo mais eficiente.

- Revisar e editar: revisar e editar o conteúdo antes de publicar para garantir que seja de alta qualidade.

- Promover o conteúdo: promover o conteúdo em suas redes sociais e canais de marketing para aumentar sua visibilidade e alcance.

Ao colaborar com outros profissionais de saúde e parceiros, você pode ampliar sua presença online e oferecer conteúdo valioso para seus pacientes e seguidores. Lembre-se de escolher parceiros confiáveis e trabalhar em conjunto para criar conteúdo de alta qualidade e relevante para o seu público.

As lives:

As lives, ou transmissões ao vivo, surgiram com o avanço da tecnologia e a popularização das redes sociais. Inicialmente, as transmissões ao vivo eram limitadas a grandes empresas de mídia, que podiam pagar por equipamentos e estruturas complexas de produção.

No entanto, com o tempo, as redes sociais começaram a incorporar a opção de transmissão ao vivo em suas plataformas. Foi assim que surgiram as transmissões ao vivo no Facebook, Instagram, YouTube e outras redes sociais populares.

As lives se tornaram uma ferramenta importante para a comunicação entre as pessoas, e foram utilizadas por indivíduos, empresas e organizações para transmitir eventos, realizar palestras, apresentar produtos e serviços, responder perguntas, entre outros usos.

Com o advento da pandemia de COVID-19, as transmissões ao vivo se tornaram ainda mais importantes, já que muitas atividades presenciais precisaram ser canceladas ou adiadas. As lives se tornaram uma forma de manter a conexão entre as pessoas e de continuar oferecendo serviços e informações importantes, mesmo em tempos de distanciamento social.

Lives ajudam a clínica:

As lives nas redes sociais são uma das ferramentas mais importantes e poderosas do marketing digital atualmente. Elas consistem em transmissões ao vivo que permitem que os profissionais de saúde se conectem com seu público de uma forma mais próxima e pessoal.

A importância das lives reside no fato de que elas permitem que você compartilhe informações valiosas e relevantes sobre sua área de atuação, além de responder às perguntas e dúvidas de seus seguidores em tempo real. Isso aumenta a confiança e a credibilidade que os seguidores têm em relação a você e sua clínica, o que pode resultar em novos pacientes e uma maior fidelidade dos pacientes atuais.

Além disso, as lives também são uma ótima maneira de promover seus serviços e produtos, como promoções e eventos que você esteja planejando. Elas permitem que você alcance um grande número de pessoas de uma vez só e de uma forma muito mais dinâmica e interativa do que outras formas de publicidade.

Portanto, se você ainda não está fazendo lives nas redes sociais, está perdendo uma grande oportunidade de se conectar com seu público-alvo e expandir sua presença online. Comece a planejar suas transmissões ao vivo agora mesmo e veja os resultados em seu marketing digital e no crescimento de sua clínica.

Conheçam a Dra. Fernanda:

Dr. Carlos era um cardiologista renomado e bem sucedido na cidade, mas ele percebeu que muitos dos seus pacientes também sofriam com problemas de visão. Foi então que ele decidiu procurar um oftalmologista que pudesse indicar para seus pacientes.

Foi assim que ele conheceu a Dra. Fernanda, uma oftalmologista muito competente e atenciosa. Os dois começaram a conversar sobre seus pacientes em comum e perceberam que muitos deles sofriam com problemas de saúde relacionados ao coração e à visão.

Eles decidiram então unir suas especialidades e começar a compartilhar informações sobre como uma condição afetava a outra. Começaram a realizar lives juntos nas redes sociais, respondendo perguntas e falando sobre os cuidados que os pacientes deveriam ter em relação a ambas as especialidades.

A parceria deu tão certo que os pacientes começaram a marcar consultas com ambos os médicos, e a agenda de ambos ficou lotada. Os dois profissionais também se tornaram amigos e passaram a trocar informações e conhecimentos constantemente.

A união das especialidades de cardiologia e oftalmologia permitiu que ambos os médicos pudessem atender melhor seus pacientes e oferecer um tratamento mais completo e eficiente.

Através das lives e da troca de informações, eles conseguiram construir uma relação de confiança com seus pacientes e ganharam uma reputação ainda mais positiva na cidade.

A união não faz apenas açúcar!

Com certeza! Existem diversas especialidades médicas que podem se complementar e trazer benefícios tanto para os profissionais quanto para os pacientes. Um ortopedista pode se juntar a um fisioterapeuta para tratar de lesões musculoesqueléticas, um nutrólogo pode se unir a um educador físico para promover hábitos saudáveis, um geriatra pode colaborar com um psicólogo para cuidar da saúde mental dos idosos, entre muitas outras possibilidades. A ideia de parceria e colaboração pode ser replicada em diversas áreas da saúde e trazer ótimos resultados para todos os envolvidos.

Vamos colocar em prática:

Vamos supor que um médico(a) dermatologista e um nutricionista se unam para criar um conteúdo sobre alimentação e pele saudável para postar no Instagram. Eles poderiam criar um post com uma imagem de alimentos saudáveis e uma descrição do conteúdo.

"Você sabia que a alimentação pode afetar diretamente a saúde da sua pele? Junte-se a nós nessa parceria entre dermatologia e nutrição e saiba mais sobre como manter sua pele saudável de dentro para fora! Neste post, nosso dermatologista e nutricionista compartilham dicas valiosas para manter sua pele radiante. Não perca!".

#saúde   #dermatologia   #nutrição   #pelesaudável

Eles também poderiam gravar uma live para conversar com seus seguidores sobre o assunto e responder a perguntas ao vivo. Dessa forma, eles colaboram para criar conteúdo de qualidade, abrangendo tanto a área dermatológica quanto nutricional, oferecendo aos seguidores informações valiosas e a possibilidade de interagir diretamente com os profissionais.

"Melhor forma de vender algo: não venda nada. Ganhe o reconhecimento, respeito e confiança daqueles que podem vir a comprar."
— Rand Fishkin

15: Como continuar aprendendo e se adaptando às mudanças do marketing digital

Não é um Adeus!

Nota do autor:

Parabéns, caro leitor! Chegar ao último capítulo deste livro mostra o seu comprometimento em se atualizar e se adaptar às mudanças do marketing digital na área da saúde. É uma honra e uma emoção indescritível para eu completar este sonho de 20 anos de escrever este livro e poder compartilhar todo o meu conhecimento com você.

Gostaria de dizer que estou à disposição de todos os leitores para esclarecer dúvidas e recebe-los a colocar em prática todo o conteúdo apresentado ao longo do livro. Além disso, convido-os a participar das minhas lives nas redes sociais, onde abordo temas relacionados à saúde e ao marketing digital, sempre com muita informação e interação.

E se você estiver em São Caetano ou região, será um prazer recebê-lo para um café e conversarmos pessoalmente. Mais uma vez, parabéns pela sua dedicação e comprometimento em aprimorar sua presença digital na área da saúde. Juntos, podemos alcançar ainda mais sucesso e satisfação profissional.

Danilo Carlos da Silva Ceccon

Caro leitor, está chegando o grande momento de finalizarmos este livro juntos e concluirmos essa jornada de aprendizado sobre marketing digital na área da saúde. Convido-o a se preparar para o último capítulo e absorver tudo o que ele tem a oferecer. Estou muito feliz em tê-lo aqui e espero que todas as informações fornecidas ao longo do livro tenham sido valiosas para você. Vamos juntos rumo ao sucesso em suas estratégias de marketing digital para sua clínica ou consultório médico.

O Mundo Digital:

O mundo digital é um ambiente em constante mudança. Novas tendências, tecnologias e ferramentas surgem com frequência, tornando fundamental para os profissionais de saúde se manterem atualizados e adaptados às mudanças.

Para continuar aprendendo e se adaptando às mudanças do marketing digital, o primeiro passo é estar sempre atento às novidades. Leia artigos e notícias sobre marketing digital e saúde, participe de webinars e eventos online e siga blogs e influencers da área.

Além disso, é importante investir em educação continuada, como cursos e workshops. Existem diversas opções disponíveis, tanto gratuitas quanto pagas, que podem ajudar a aprimorar suas habilidades em marketing digital.

Outra dica é estar aberto à experimentação e ao teste de novas estratégias. O marketing digital é uma área que permite testar, medir e adaptar constantemente as estratégias utilizadas. Portanto, não tenha medo de testar novas abordagens e de avaliar os resultados para ajustar o que não está funcionando.

Por fim, lembre-se de que o networking é essencial para se manter atualizado e adaptado às mudanças. Conecte-se com outros profissionais de saúde e de marketing digital, participe de grupos de discussão e fóruns online e esteja aberto à troca de ideias e experiências.

Com essas dicas, é possível continuar aprendendo e se adaptando às mudanças do marketing digital, garantindo assim que sua presença online continue relevante e efetiva para seus pacientes e seguidores.

Livros:

Aqui estão algumas sugestões de livros de marketing digital para o leitor continuar aprendendo e aprimorando suas habilidades:

1. "Marketing 4.0: Do Tradicional ao Digital" - Philip Kotler, Hermawan Kartajaya e Iwan Setiawan

2. "O Poder da Inovação Digital: Como Transformar Seu Negócio e Engajar Pessoas" - Rodrigo Scotti e Cassio Bariani

3. "SEO - Otimização de Sites: Aprenda a construir uma estratégia de SEO para seu site e melhorar seus resultados" - Rodrigo Darzi

4. "Contágio: Por Que as Coisas Pegam" - Jonah Berger

5. "Social Media Marketing: O Guia Completo" - Carlos Nepomuceno

Esses são apenas alguns exemplos de livros que podem ajudar o leitor a aprimorar suas habilidades em marketing digital. Há muitas outras opções disponíveis, e é sempre importante continuar aprendendo e se atualizando para obter sucesso nessa área.

Poadcast:

O podcast surgiu em meados dos anos 2000, quando a tecnologia permitiu que as pessoas criassem e compartilhassem conteúdo de áudio pela internet. Mas foi somente na última década que o podcast realmente decolou e se tornou uma das principais formas de consumo de conteúdo digital.

Muitos profissionais de saúde, como médicos e psicólogos, começaram a usar podcasts para disseminar informações importantes sobre suas áreas de atuação. Além disso, muitos pacientes também passaram a utilizar essa mídia para buscar informações e orientações sobre suas condições de saúde.

O podcast é uma ótima maneira para o leitor se manter atualizado sobre as tendências do mercado, já que muitos especialistas e líderes de opinião utilizam essa plataforma para compartilhar seus conhecimentos e perspectivas. Ele pode ser uma ótima alternativa para aqueles que não têm tempo para ler ou assistir a vídeos longos, mas ainda assim desejam se manter informados.

Há uma infinidade de podcasts sobre marketing digital, empreendedorismo e saúde disponíveis nas principais plataformas de streaming, como o Spotify e o Apple Podcasts. Recomendamos que o leitor pesquise e escolha os que mais se adequem aos seus interesses e necessidades.

É uma forma eficiente e prática de continuar aprendendo e se atualizando.

Alguns sites que possuem bons podcasts sobre marketing digital são:

- Mídia, Marketing e Rock'n'Roll
- GVCast
- Marketing Digital na Prática
- Rock Content Podcast
- Social Media Examiner
- Think with Google
- Marketing School
- The Digital Marketing Podcast
- Call to Action
- The GaryVee Audio Experience

Espero que essas sugestões ajudem o leitor a encontrar podcasts interessantes para continuar aprendendo sobre marketing digital!

Videocast:

O videocast, também conhecido como vlog ou vídeo blog, surgiu como uma evolução natural do podcast, adicionando a dimensão visual ao conteúdo em áudio. Com a popularização do YouTube e das plataformas de vídeo em geral, o videocast se intensificou ainda mais, especialmente durante a pandemia, quando muitas pessoas passaram a buscar conteúdo online para se informar e se entreter.

No universo do marketing digital, existem diversos canais no YouTube que se tornaram referência, com dicas e insights valiosos para profissionais da área. Entre os mais famosos, podemos citar o canal da RD Station, com foco em marketing digital e vendas; o canal do Neil Patel, especialista em SEO e marketing de conteúdo; e o canal do Erico Rocha, com dicas de empreendedorismo e marketing digital. Esses canais oferecem uma ótima oportunidade para aprender com quem já tem experiência e sucesso no mercado, além de fornecer insights valiosos para quem busca se manter atualizado e relevante no mercado do marketing digital.

Aproveite agora mesmo para se inscrever no meu canal do YouTube, **@danilocarlosautoridadedigital**, e acompanhar todas as minhas dicas, histórias e conhecimentos sobre marketing digital. Fique por dentro das últimas tendências e técnicas do mercado para alavancar o seu negócio ou carreira. Não perca tempo e se torne um expert no assunto junto comigo. E não esqueça de compartilhar o canal com seus amigos e familiares, afinal, conhecimento é para ser compartilhado!

"No mercado de marketing médico, a criatividade é o diferencial que leva sua mensagem além das expectativas."

– Danilo Carlos da Silva Ceccon

Chegamos ao final deste livro e espero que você tenha aprendido muito sobre marketing digital para a área médica. Quero agradecer por ter dedicado seu tempo e sua atenção para ler cada capítulo e absorver cada conceito apresentado.

Meu objetivo com este livro foi oferecer a você um guia prático e atualizado sobre como utilizar as ferramentas digitais para fortalecer a sua marca e expandir a sua presença na internet. Espero ter cumprido com essa missão.

Mas não para por aqui! Fique atento(a) às minhas redes sociais e site, pois estarei lançando em breve mais livros e conteúdos sobre marketing digital voltados para profissionais da saúde, sempre com o objetivo de ajudá-lo(a) a se manter atualizado e competitivo(a) nesse mercado cada vez mais dinâmico e exigente.

Mais uma vez, obrigado(a) por ter me acompanhado nessa jornada. Desejo-lhe muito sucesso em sua trajetória profissional e que a sua presença digital continue a crescer cada vez mais forte e relevante.

"Transforme sua presença digital em saúde de excelência"

Danilo Carlos da Silva Ceccon – 44 anos Autor deste livro.

Sobre o Autor

Eu sou Danilo Carlos, um empreendedor de 44 anos com uma paixão por marketing digital e tecnologia. Em 2006, decidi começar minha jornada sozinho e fundei uma agência de marketing digital. Desde então, não parei de crescer e me desenvolver. Trabalhei duro para me profissionalizar e hoje, com mais de 18 anos de experiência no mercado, posso dizer que alcancei meus objetivos.

Me formei em Marketing Digital com ênfase em Tecnologia da Informação e, desde então, ajudei mais de 150 empresas a alcançar seus objetivos. Não tenho medo de mudanças e evoluções, e por isso, mudei-me da região da Paulista para o ABC, e depois para a Vila Olímpia. A partir daí, abri filiais em São Caetano e São Bernardo. E em 2022, superamos a marca de 100 mil seguidores nas redes sociais, o que é uma grande realização.

Meu objetivo é sempre ajudar as empresas a se destacarem e alcançarem sucesso, e é por isso que gostaria de ter você como meu seguidor. Juntos, podemos alcançar grandes coisas!

AUTORIDADE
digital
BRASIL